お金に強くなる生き方

佐藤　優

青春新書
INTELLIGENCE

まえがき

資本主義社会において、お金は絶対に必要です。私たちは、生きていくために必要な食料、衣服、住宅、水道光熱費、サービスなどを商品として購入します。自分で商品をつくってもそれが必ず売れるとは限りませんが、お金があればどのような商品でも買うことができます。商品は、いつもお金に対して「片思い」をしているのです。

高い学歴も、生後10カ月から月24万円の授業料がかかるプレスクール（保育園）に子供を通わせれば手に入ります。主流派の経済学者（近代経済学者）は、人間を投資対象と見ることを躊躇しません。慶應義塾大学の中室牧子准教授は以下のように指摘しています。

人的資本投資の収益率は、子どもの年齢が小さいうちほど高いのです。就学前がもっとも高く、その後は低下の一途を辿っていきます。そして、一般により多くのお金が投資される高校や大学の頃になると、人的資本投資の収益率は、就学前と比較すると、かなり低くなります。（中室牧子『「学力」の経済学』ディスカヴァー・トゥエンティワン、201

5年、77ページ）

中室氏の言説にはそれなりの説得力があります。新自由主義的な弱肉強食の競争社会では、富裕層の子供は幼児期から良質の教育を受け、集中して机に向かう習慣と礼儀正しさが身につきます。だから小学校に入ってからも自発的に勉強し、その流れで進学校に進み、偏差値の高い大学に入ります。すると官僚、起業家、弁護士、医師、公認会計士など、社会のエリート層になる可能性が高まります。

本書は、このようなエリート層を対象に書かれたものではありません。毎日真面目に通勤し仕事をしている、以下のような普通のビジネスパーソンを読者に想定しています。

◎休みも遅刻もせずに真剣に仕事に取り組んでいるが、勤務時間内に仕事をこなすことができない。残業が続いて正直に残業時間を申告すると、「何でもっと効率的に仕事ができないんだ」と上司に文句を言われるので、どうしてもサービス残業になってしまう。

◎右肩下がりのこの時代、死ぬほど頑張って出世したいとは思わない。しかし50歳をすぎて、20歳年下の上司から「○△さん、これ10部コピー取って」とか、「取引先に書類を届けて。タクシー代がもったいないから地下鉄を使ってね」などと、アゴでこきつかわれるような状態にだけは陥りたくない。

◎いつかは結婚して家庭を持ちたいと考えているが、なかなかいい出会いがなく、また結婚しても家を買って子供を育てる経済力が自分にあるのか不安だ。

周りに相談できる上司や先輩がいないため、自分が考えていることを口にする機会がないと悩んでいるビジネスパーソンはたくさんいます。

私は外交官という仕事でロシア（ソ連時代を含む）に駐在していたため、社会のトップから底辺までを知る機会に恵まれました。そのときにオリガルヒ（寡占資本家＝新興財閥）と呼ばれる、超のつくお金持ちたちともつき合いました。エリツィン大統領の時代はオリガルヒが政治に強い影響を与えていたため、クレムリン（ロシア大統領府）に深く食い込み、北方領土交渉を日本に有利な方向に進めるには、彼らと仲良くしておくことが不可欠だったからです。何人かのオリガルヒとのつき合いは今も続いています。

私が鈴木宗男事件に連座して逮捕された後、オリガルヒから「モスクワに移住して働くならいつでもおいで」と、かなりの年俸を提示されたことがあります。また、イスラエルの友人から軍事産業で働かないかと誘われたこともあります。オリガルヒの提示ほど巨額なものではありませんでしたが、それでも外交官時代の年収をはるかに超えていました。

私は両方の提案を即答で断りました。お金を追いかける仕事につくのが性に合わないと考えたからです。

ソ連崩壊後、大学教授やシンクタンクの研究員など、旧体制の知的エリートに属していた人々の生活も非常に困窮しました。しかし大多数のロシアの知的エリートは、ソ連時代のような思想、言論への制約がなくなった状況で、アルバイトを一生懸命こなしつつも、楽しそうに知的作業に従事していました。こうしたロシア人との交遊を通じて、私は「標準的な努力をしていれば、名誉と尊厳を保って生活をしていける。それとともに、自己実現も、友だちとの楽しい関係を維持することも可能だ」という結論に至りました。こういうロシア人たちは、お金持ちではありませんでしたが、お金の生きた使い方が上手でした。

お金とは、人間と人間が商品やサービスを交換する必要から生まれたものです。繰り返しますが、資本主義社会でお金を抜きに生きていくことはできません。だから、お金をバカにしてはならないのです。しかし一方で、お金に振り回される生活をしても幸せな一生を送ることはできません。

本書では、私が経験もしくは見聞きした「お金に強くなる生き方」を紹介するとともに、お金とどうつき合っていくかについての率直な考えを記しました。この本に書いていることを消化し実践していただければ、お金とのつき合い方が少し楽になるはずです。

本書を上梓するにあたっては、月刊『BIG tomorrow』編集部の赤羽秀是氏、ライターの本間大樹氏、青春出版社プライム涌光編集部の岩橋陽二氏にたいへんお世話になりました。深く感謝申し上げます。

2015年9月11日、曙橋（東京都新宿区）にて、シマ（去勢雄の茶トラ猫、12歳）とタマ（去勢雄の白茶猫、4歳）に見守られながら

佐藤優

お金に強くなる生き方——目次

第1章 私たちを衝き動かすお金という幻想

第2章

大格差時代を生き抜くお金の極意

第3章

プロに騙されずにお金を増やすには

第4章

人生を台なしにしないお金の実学

第5章

お金と人間の幸福な関係を考える

企画協力　本間大樹
カバー写真　Shutterstock
帯写真　坂本禎久

本書は、『BIG tomorrow』誌の連載「佐藤優の『逆説』のお金論」を基に加筆・再構成したものです。

第1章

私たちを衝き動かすお金という幻想

「会社員」と「大金持ち」は矛盾する

みなさんはどれくらい年収を得たいと思っていますか？　５００万円もらえれば十分という人もいれば、１０００万円、２０００万円、いやもっと上を目指すという人もいるかもしれません。ただ、会社に勤めている場合には限界があります。副業をするにしても、今の時代、年収を増やすのはそう簡単ではありません。

国税庁の民間給与実態統計調査（２０１３年）によると、一年を通じて勤務した給与所得者の平均給与は４１４万円（男性５１１万円、女性２７２万円）。ちなみに、２００３年の平均給与は４４０万円で、ここ10年は右肩下がりという状況です。

アベノミクスで賃金の上昇が期待されましたが、これもどうやら期待外れになりそうです。厚生労働省の毎月勤労統計調査によれば、名目賃金は多少上がっているものの、物価上昇率を加味した実質賃金はマイナスが続いています（２０１５年６月時点）。

仮にアベノミクスが大成功してデフレが収まり、企業業績が飛躍的によくなったとしましょう。そんな状況になっても、会社員の給与は多少上がることはあるとしても、一気に上昇することはまずありません。

あるいは、あなたが会社に莫大な利益をもたらした場合はどうでしょう。おそらく、ボーナスなどの一時金が大きく増えることはあるかもしれませんが、ベースとなる基本給はほとんど変わらないでしょう。

2014年、技術者の中村修二氏がノーベル物理学賞を受賞しましたが、発明の報奨金をめぐって元勤務先である日亜化学工業を提訴した事件は記憶に新しいものです。

中村氏は高輝度の青色発光ダイオードの実用化に大きく貢献し、それによって発光ダイオードの3原色が揃い、LED液晶パネルなど多彩なカラー画面表示が可能になりました。発明で会社に大きな利益をもたらしたにもかかわらず、当初の中村氏への報奨金はわずか数万円。そこで2001年、正当な報奨金を求めて会社側を訴えたのです。結局、会社が中村氏に6億円（遅延損害金を含めると8億4000万円）を支払うことで和解が成立しました。

とはいえ、研究開発費用は会社が出しているし、商品化には他の社員の力も加わっています。会社における研究成果は、会社と所属する社員のどちらに帰属するのか？　和解金の額も含めて議論が巻き起こりました。

分配の場に労働者はいない

「企業（資本家）は、利益を社員（労働者）には分配しない――」

このことは、マルクスが『資本論』で明確に指摘しています。会社に雇われる、雇用契約を結ぶということはどういうことか。マルクスによれば、そこで働く人はその段階で労働力を会社に売っていると考えます。

初任給はいくら、賃金はいくらとその段階で労働力の対価が規定されており、その条件が不服であれば契約しなければいい、というのが企業側の考えです。

ですから会社がどれだけ儲かっても、社員個人がどれだけ利益を上げても、それを会社と従業員の間で分配することはありません。雇用契約で決まった賃金の範囲を大きく超えることはないのです。利益は経営陣、あるいは株主によって独占され、そこで分配されます。分配の場から従業員や労働者が排除されていること――。それがいわゆる「搾取」の構造であるとマルクスは指摘します。

これに対して、マルクス以後の近代経済学は賃金を「分配」だと考えます。会社で働く人たちの毎月の給与は企業収益の分配だとするのです。しかし、分配であれば利益が2倍になったときは賃金も2倍になっていいはずですが、実際にはそうはなりません。

どちらの理屈がより現実社会をとらえているかといえば、私たち自身の周囲を見渡す限り、どうやらマルクスのほうに軍配を上げざるを得ないようです。

高所得層ほど課税が強化される

マルクスを引き合いに出すまでもなく、この現実はみなさん自身が日常で実感されているはずです。どんなに頑張っても給料の上限は決まっています。恵まれた会社でも、一部上場の部長クラスで年収1500万円いくかどうか。おそらく、それがサラリーパーソンの年収の上限でしょう。それでも、会社員は毎月安定的に収入を得られる。その安心感と安定感には代えがたいものがあります。

サラリーパーソンとしてそれ以上稼ぎたいのなら、起業して経営者になるしかない。つまり、搾取される側から搾取する側に回るのです。ただし経営者となると、これはこれで大変です。商品開発からマーケティング、資金繰り、社員のマネジメントまで、四六時中経営のことを考えていなければ務まりません。失敗すれば自分の財産を失ってしまう。それはそれで非常に過酷な世界です。

何より、他人の労働力を搾取してお金を稼ぐことをよしとするかどうか。厳しい環境で競合他社に打ち勝ち、生き残るには、社員に必死に働いてもらう必要があります。そんなつもりはなくても、結局はブラックな領域に踏み込まざるを得なくなるかもしれません。ときには、利益を上げない社員をリストラする必要も出てくるでしょう。

「経営者にならなくてもいいから、1000万円の年収を目指したい」。そんな人も多いかもしれませんが、最近は「年収1000万円の悲劇」という言葉があるのをご存じでしょうか。現時点で、年収900万円超1800万円以下の人の所得税は33％。今後は所得控除額が減額されるので、実質の税額はさらに上がる見込みです。

そうなると、年収1000万円を稼ぐ層の不公平感はかなり高くなります。年収700

万円の人より、1000万円の人のほうが大きな不満を感じているという逆転現象です。

その年収700万円でさえ、会社員として稼ぐことは簡単ではありません。おそらく、正社員として普通の会社で普通に働いていたら、年収500万円がひとつの壁になるはずです。

私のイメージでは、そこから700万円に増やすとなると、役職が上がる必要があるのはもちろん、超過勤務は当たり前。それも賃金に跳ね返らないサービス残業がほとんど、ということになるのではないでしょうか。

それを裏づけるのがホワイトカラーエグゼンプション制度です。産業構造の変化に伴って、ホワイトカラーの仕事はこれまでの事務処理的なものからよりクリエイティブなものに変わってきました。すると、必ずしも労働時間で成果が左右されません。企画を立てる、商品のデザインをするなどの仕事の場合、時間や場所を選ばないからです。

そこで、働いた時間で賃金を算出するのではなく、生み出した価値や利益を基準に賃金を評価しようという動きが、ホワイトカラーエグゼンプション制度です。

これに対しては、サービス残業を増長させ正当化させるとして、野党や労働組合などが抵抗しています。そこで厚生労働省は、対象者の範囲を「年収1000万円以上」「企画・立案・研究・調査・分析の5業務に絞る」との基準を明らかにしました。しかし最近では、同制度を正社員の年収上位16％に適用したいとしています。

正社員の年収上位16％とは、年収がほぼ700万円以上に当たります。つまり同制度がそのまま導入されれば、年収700万円以上の人は残業代はほぼカットになるし、仕事をたくさん抱えて、土日も家で仕事をすることにもなりかねません。

年収600万円で上位10％

こうしたことを考えると、これからの時代の稼ぎ方や仕事の仕方が見えてくるような気がします。私が提案したいのは、今の社会や企業の仕組みの中で、無理をしないで上手に稼ぎ、生き抜くということです。

先ほど国税庁の調査で平均年収が414万円だとお伝えしました。この数字は平均ですから、高所得者に引っ張られています。同調査では給与階級別分布も調べており、それによると最も多いのが「年間給与額300万円超～400万円以下」の層で17・4％です。男女別で見ると、男性は「年間給与額300万円超～400万円以下」が18・7％で最も多く、次いで「400万円超～500万円以下」が17・1％。女性で最も多いのが「100万円超～200万円以下」の26・1％で、次いで「200万円超～300万円以下」が21・8％となっています。

おそらく、この数字が一般的な日本人の給与所得者の実感に一番近いのではないでしょうか。つまり、年収300万円台が中央値なのです。

日本の労働者の年収上位10％には、年収580万円台の人が入ります。年収600万円だったら間違いなく上位10％と言えるでしょう。ちなみに、先ほどホワイトカラーエグゼンプション制度の記述で、上位16％が年収700万円以上と書いたのは正規雇用社員だけの場合で、非正規雇用も含めるとこの数字になります。

どうもバブルのころのイメージが抜けきれていないためか、平均値のマジックに惑わされているせいか、年収500万円くらいが平均的な数字のような感覚があります。しかし、現実にはかなり違ってきているのです。

年収300万円台で普通だと考え、そのうえでその収入でいかに上手に、豊かに生きることができるか。300万円台を400万円台、500万円台に増やすにはどうすればいいか。もっと現実的にお金の話をしていくべきでしょう。

努力のベクトルを間違えない

そう言うと、なんだか夢がないという声が聞こえてきそうです。でも、現実を踏まえずに年収1000万円を目指そうとか、お金を投資や副業などで一気に増やそうというのは、どこかに無理があります。

実際、そういうハウツー本や自己啓発本も少なくありません。その中には、やたら本人の努力や頑張りをあおるものもあります。今のままの稼ぎでは将来必ず壁に突き当たるから、そうならないためにスキルアップとキャリアアップを図らなければならない——。

このような主張をする人は、自分自身が努力し頑張ってきたからこそ今の成功があると考えるのでしょうが、このような考え方は危険です。思うようにいかない場合、努力崇拝主義の人ほど自分の努力が足りないのではないか、自分がダメなのではないかと自分を責め、うつ病や燃え尽き症候群になってしまうのです。

結局のところ、努力は成功のための必要条件ではあっても十分条件ではない、ということに尽きます。成功には多分に運の力や偶然が重なるもので、頑張ったからといって、すべての人が成功するわけではないのです。

この努力崇拝主義は、精神面だけでなく金銭面にもダメージを与える可能性があります。能力を高めなければならない、自分を変えなければならないなどと、なかば強迫観念のように急き立てられてあやしげなセミナーに行ったり、高い教材を買い込んだり……。

実際、ネットでも自己開発系の教材や情報商材が結構な金額で売られたりしています。実際に何らかの成果が上がって、本人が納得しているならいいのですが、そんな可能性はあまり高くないでしょう。

身の回りには、きわどい儲け話やおかしな投資話もたくさんあります。年収400万円も稼いでいれば平均的なのに、もっと稼がないとダメだとか、将来が危ないと不安にさせられる。この低金利時代には投資をしなければ目減りしてしまうなどとあおられる。そんな宣伝に冷静さを失い、普段ならおかしいと気づくような話にも乗ってしまう。お金を失ってはじめて、自分が騙されたとか、無謀だったと気がつくのです。

自分の現状を過小評価して自信を失ったり、焦ったりしてしまうことはよくありません。すでに見てきたように、300万円、400万円稼いでいれば、自分を卑下する必要などないことがわかるはずです。正しく自分の現状を認識すれば、肩の力を抜いて、もっと地に足のついたお金との関係が築けるのではないでしょうか。

生きていくには困らない国

先ほど、資本主義における搾取の構造について話しました。搾取という言葉を使うとなんだか仰々しいですが、要は世の中の仕組み、企業や資本のカラクリをどうとらえるかという、ひとつの見方だと考えてください。その構造があるから社会を変えなければならないとか、資本主義や企業がいけないと言っているわけではありません。

逆に資本主義のよい点は何かというと、多くの人がそこそこ稼げてそれなりの生活ができるということです。歴史的に見ても、江戸時代に比べれば電気や水道のインフラが整い、さまざまな家電や製品が社会に行き渡っている。生活のレベルも質も、暮らしやすさも比べものにならないほどよくなったことは事実です。

そして例外があるとはいえ、ほとんどの人が何らかの職業に就いてお金を稼ぐことができます。職を選ばなければ、アルバイトでも何でも、相応に稼ぐ方法はあります。大多数の人が一定以上の生活レベルを享受でき、なおかつある程度の選択の自由が保障されている社会というのは、資本主義をおいて他に見当たりません。

アベノミクスで物価がさらに上がればどうなるかわかりませんが、少なくともデフレの間は物価が上がらず、給与が上がらなくても何とか生活できました。最近は高級車など一部の高額商品の売れ行きが好調なようですが、同時に100円ショップで身の回りのほとんどのものが手に入る時代でもあります。ぜいたくを望まなければ、それほど不自由を感じずに生活することができます。

これはやはり資本主義が高度に発達してきたことの成果であり、恩恵です。その中で、常に消費を増やそうとする商業主義にあおられたり乗せられたりすることなく、身の丈に合ったお金の使い方や向き合い方を身につけていくことができれば、実はそれが最も幸せに近づく道なのではないかと考えています。

かくいう私自身は、普通に衣食住が足りていて、本を読めて物書きとして納得のいく仕事ができるなら、あとはたまに家族で旅行に行けるくらいの余裕があれば十分です。東京拘置所の独房で512日間勾留されていたときも、本をゆっくり読めるだけである種の充実感さえ覚えていたくらいですから。

大金持ちほどお金の怖さを知っている

そもそもお金とは何なのか。お金があれば幸せになれるのか。本質的なことから考えなければいけません。というのも、巷にあふれるお金儲けの情報は、いずれも「お金がたくさんあれば幸せになれる」という前提に立っています。たしかに、人生のほとんどの問題はお金があれば解決できます。だからといって、お金があれば幸せになれるかと言えば、一概にそうとは言い切れません。

たとえば、仲のよかった家族が遺産相続のもめ事をきっかけに疎遠になってしまうことはよくあります。宝くじの高額当選者がさまざまなトラブルに巻き込まれるのもよくあること。降って湧いたような大金は、人生を狂わすことのほうが多いのではないでしょうか。

大金持ちの人たちほどお金の怖さをよく知っています。『ロックフェラー回顧録』(新潮社)の中で、ロックフェラー3世が祖父から言われた言葉が印象的です。

「億万長者になるのは簡単だが、それを維持するのは大変だ」

億万長者になるのが簡単だとはけっして思いませんが、それよりも、それを維持することが難しいというのです。維持するためにはふたつのことを心掛けるようにと忠告します。ひとつはチャリティー。民衆に配ることが大切だというのです。もうひとつは、ボランティア活動を通して国家のために尽くすこと。ロックフェラーの場合はアラブ諸国や中国、当時のソ連とのつき合いから、それぞれ独自のパイプを持っていました。こうした民間外交を有事の国家間交渉の際に紹介するなどして、国家の役に立っていたのです。

お金は、ある段階以上にまで蓄積されると力に変わります。すると民衆からは妬まれ、国家からは警戒されます。それで見事に足をすくわれたのが堀江貴文さんでしょう。お金を稼ぐ力、集める力があるということは、それだけリスクを負うことにもなるのです。

その点でビル・ゲイツは非常に上手です。彼はハーバード大学やプリンストン大学の奨学金を無償で提供しています。米国における大学の年間授業料は私立の平均で約500万円くらい。学費に加えて年200万円の生活費がかかるとすると、4年間で合計約2800万円。とても一般庶民が払えるお金ではありません。

それをポンと出してくれたら、それだけで彼のファンになってしまいます。当然、マイクロソフトやその系列の企業に就職する可能性が高いでしょう。すると将来、優秀な人材が会社のために一生懸命頑張ってくれることになります。

社会貢献、社会還元をしながら、たくみに自社の利益を確保する。ビル・ゲイツやロックフェラーに限らず、社会の中で生き残っている大金持ちは上手に世間や社会とかかわっているわけです。逆に、それをしないと社会や国家からスポイルされる危険があります。

わらしべ長者は資本主義社会の象徴!?

大手銀行クレディ・スイスの調査によると、日本における金融資産1億円以上の富裕層は358万1000人（2012年9月時点）で、人口の約2・5％。40人に一人ですから、小学校や中学校のクラスに一人は富裕層がいるということです。そう考えると結構多いような気もします。

お金持ちになる人と、そうでない人の違いとは何でしょう。その点で参考になる昔話に『わらしべ長者』があります。主人公の貧乏な男が一本のわらから物々交換を始めて、みかん、反物、馬、最後はお屋敷になって、幸せになるという物語です。

お互いの自由意思に基づいて商品を交換することを等価交換と呼びますが、これによって富を蓄積するのが資本主義経済の基本。主人公は、まさに資本主義の原理にのっとって富を増やしていくのです。

しかし、等価交換というならなぜわらが最終的に屋敷に化けたのか。それは、相手がどうしても主人公の持っているものが欲しいという特殊な状況だったからだと考えられます。のどが渇いていてどうしても水分が欲しい状況だったから、みかんと反物を交換できた。引っ越しでどうしても馬が必要だったから、馬と屋敷を交換できたわけです。

そういう特殊な状況でなければ、そのような価値が非対称な交換はできなかったでしょう。わらしべ長者の話は、そういう特殊な状況の人物にたまたま出くわすという「幸運」が前提になっているのです。ここから、お金持ちになる人とそうでない人の違いは、結局「運」だと言うこともできます。

ただし、主人公は旅をしていたというのがひとつのポイント。外に出ていろいろな人に会うことで、幸運に出会う確率が高くなったわけです。

主人公が貧乏から何とか抜け出したいと観音様に願を懸けたところ、「初めに触ったものを大事に持って旅に出なさい」というお告げがありました。表に出ると石につまずいて転び、その拍子に手にしたのが一本のわらしべだったのです。

旅に出ていろいろな状況の人に出会い、交換を繰り返す。これにより財産を増やしていくわけですが、これはつまり近代以降の商業活動そのものです。商業活動もまた、商品を持って自ら移動し、移動先でそれを欲している人に利益を加えて売ることで成立します。

たとえば、みかんが自分の周囲でたくさんとれたとします。地元にはたくさんあるので需要はありませんが、みかんがとれない場所に移動すれば高く売ることができます。商業活動では、このように移動することで商品の価値を上げるという行為が不可欠なのです。

日本で突出したお金持ちは排除される

もうひとつ参考になるのが『貧乏神と福の神』という話。

あるところに貧乏な農民の夫婦がいたのですが、一生懸命仕事をしたおかげで、だんだん暮らしに余裕が出てきます。ある年の暮れには自宅で餅をつき、お酒が用意できるまでになります。

そんな大晦日の夜、押し入れからシクシクと泣く声がします。見ると、薄汚い小さなお爺さんが一人。実はこの家に住んでいた貧乏神で、「あんたらがあんまり働くので、この家を出ていかなければならない、代わりに明日から福の神がくる」と言うのです。人のいい夫婦は、最後の夜だと一緒に酒を飲んで餅を食べます。

年が明けて福の神がやってきたのですが、こいつが太っていて、また態度が悪い。貧乏神を蹴飛ばして、「まだいるのか。出ていけ」と乱暴を働く。するとその夫婦は怒って、福の神を追い出してしまうのです。

結局、福の神を追い出したことで夫婦が金持ちになることはなかったのですが、貧乏神と仲よく、細く長く幸せに暮らしたという話です。

この話と先ほどのわらしべ長者の話は対照的です。わらしべ長者が交換を通じた価値増殖に基づく資本主義の話だとするなら、こちらは単純再生産の農村経済の話。旅をすることでお金持ちになるのに対して、ずっと同じ土地で農民として細々と暮らす。一気に大きく富を増やすのではなく、細く長く生活するエコ経済です。

夫婦がせっかくのお金持ちになるチャンスを逃すのも象徴的です。農民は、地域で突出した金持ちになることを望みません。そうなると周囲のやっかみなどでギスギスして、仕事も生活もしづらくなる。それよりは周りに合わせて、いい関係を保ちながら、心地よく長く生活を送ったほうがいいと考えたのでしょう。

みなさんはどちらの話に共感するでしょうか？　一本のわらが屋敷になる。そんな夢があってもいいとは思いますが、現実の生活を考えたとき、私は貧乏神と生きる選択をした夫婦のほうにシンパシーを覚えます。

大富豪という存在は商業から生じるものなので、欧米や華僑、アラブの世界の人たちにそれが多く見られるのです。その点で、歴史的に農業国家、農耕民族の日本は突出した大富豪が育ちにくい風土だと言えます。だから私たち日本人は、わらしべ長者より福の神を追い出してしまった夫婦にシンパシーを感じやすいのかもしれません。

人間関係を迷いなく捨てられるか

大金持ち、富豪と呼ばれるようになるには、何かを捨てる覚悟が必要です。特に一代で一気に上り詰めるような人は、ときに貧乏時代の友人や人間関係を捨てなければなりません。お金持ちになったとたんに嫉妬やお金の貸し借りなどが出てきて、お互い貧乏だったころの気楽な関係は続かないものです。

逆に言えば、お金持ちになれる人は過去の人間関係をスパッと断ち、どんどん新たな関係を築く強さがあるような人です。貧乏神に情けなどかけず、新たに福の神と縁を結ぶような思い切った判断や行動がとれるかどうか。

おそらくビル・ゲイツにしても、ロックフェラー、カーネギーにしても、富豪と呼ばれる人たちは人生のどこかで必ずその選択をしているはずです。基本的に、お金持ちというのは友だちを必要としません。

資本家や大富豪は、人間関係を友情、親愛の観点からではなく、ビジネス上の観点からとらえます。経営者としてマネジメントをするために、冷徹に人を見極めなければならないからです。

マネジメントというと聞こえはいいですが、要は人をどうやって効率的に働かせて、そこから利益を出せるか。自分は働かずに人を働かせるわけですから、おのずと人を見る視点が決まってきます。すなわちこの人物は使えるか使えないか、稼げるか稼げないか。端的に言うなら、人に値札をつけるのが経営者の仕事なのです。

ですから、彼らがチャリティーや社会貢献という言葉を使うとき、必ずしも純粋な意味で言っているとは限りません。あくまでも社会からスポイルされないための方便として、なかば戦略的に使っていることが多いのです。

大富豪になるには、お金のためにいろいろなものを捨てる覚悟と冷徹な目が必要です。

ときにはリスクをとって冒険したり、ずる賢く立ち回ったり……。富豪の伝記には、若いころ苦労した話や人を助けた美談などが出てきますが、おそらくそんなに美しい話ばかりではないはずです。だからこそ、彼らは伝記でいい話を残したがるのかもしれません。

光が強ければ、できる影もまた強くなります。ロックフェラーにしてもカーネギーにしても、彼らの人生が華やかであるほど、ダーティな部分、闇の部分も深いのでしょう。

これから必要な「お金」のとらえ方

資本主義が発達した今の世の中では、いろいろなものが商品化、サービス化されているため、お金があればほとんどのものが手に入ります。購買意欲をあおる商業主義やコマーシャリズムは、より巧妙な仕掛けを張りめぐらせています。

それだけに拝金主義やマネー万能主義が幅をきかせがちですが、だからこそ私たちは現実を直視し、お金に対するある種の「見切り」と「見極め」をする必要があるのです。

自分は資本家ではなく、労働力を売っている立場であるという「見極め」。だからこそ収入には限界があるという「見切り」。

この「見切り」と「見極め」は、諦めや絶望ではありません。むしろこれからのお金に対する向き合い方、つき合い方は、その見極めから始まります。その見極めがあるからこそ、お金とある程度の距離を保ちながら、いい関係を築くことができるのです。

年収400万円の人が生活を切り詰めてお金を貯め、彼女に指輪をプレゼントする。同じものを年収3000万円の人がプレゼントする。ものは同じでも重みと意味が違います。年収400万円の人のほうがずっと犠牲と痛みが大きい。その痛みをわかってくれる女性であれば、二人の関係はとても強いものになるでしょう。

年収数千万円の人に群がる女性は、もしかするとお金目当てかもしれません。同じ指輪をプレゼントされても、喜ぶどころかもっと高額なものが欲しいと要求する……。どちらの人間関係が幸せに近いか、あえて問うまでもないでしょう。

人生の幸福度は、けっしてお金をたくさん持っているかどうかでは決まりません。お金がある人は、得てしてそれを自分の努力のたまものだと考え、自分の力とお金に頼る。お金に群がる人を見て人間不信に陥り、信用できるのはお金だけだと考えてしまう。それは、けっして幸せな生き方だとは言えないはずです。

中途半端にお金を持つより、家族や友だち、地域のつながりなど、強いコミュニティを持っているほうが、ずっと強いセーフティネットになります。

ある調査によると、人がホームレスになってしまう理由は、金や働く場があるかないかということより、身近に助けてくれる人や支えてくれる人がいなかった、つまり親密な人間関係が周辺になかったという原因の方が多いそうです。奥さんや子供、あるいは親友という密な人間関係がないために、フッとそちらの世界に行ってしまうのでしょう。

私たちはお金の大切さを知ると同時に、その限界も知らなければなりません。

年収数千万円も稼がなくても、いや、むしろそちらを目指さないからこそ、私たちは幸せを求めることができるともいえます。身の丈に合った稼ぎと生活で幸せを得るためのお金との向き合い方があるはずです。

そのためには、今のお金の本質や世の中のカラクリを知ると同時に、最低限、資本の論理に食い物にされたり、騙されたり借金返済に追われたりしないよう、マネー防衛学、マネー衛生学を知っておくべきです。以下の章で、それらを探っていきましょう。

「お金持ち」を考えるための本

『ヴェニスの商人の資本論』

岩井克人／ちくま学芸文庫

資本主義の根底にある貨幣の逆説を、シェークスピアの有名な『ヴェニスの商人』を引き合いに出しながら、軽妙洒脱な文体と理論で解説する

『この世でいちばん大事な「カネ」の話』

西原理恵子／角川文庫

お金がなく地獄を味わった子供時代から、お金を稼ぎギャンブルに熱狂する地獄を味わった大人時代。お金に翻弄された体験から語るお金の本質論とは

『びんぼうがみとふくのかみ（日本名作おはなし絵本）』

富安陽子、飯野和好／小学館

意地悪で乱暴な福の神と暮らすより、貧相だが憎めない貧乏神と暮らすほうを選んだ働き者の夫婦。お金と幸福の関係を知る一冊

『ロックフェラー回顧録』

デイヴィッド・ロックフェラー／新潮社

石油で巨万の富を築いた祖父や慈善事業に力を入れた両親など、一族の赤裸々な内側が描かれた書。お金持ちの実情と、その心理や葛藤がわかる

第2章

大格差時代を生き抜くお金の極意

国家体制の違いで貯蓄率が変わる

少し前まで、日本人は貯蓄好きな国民とされてきました。ところが、今や貯蓄率で見ると日本は先進国の中で最低ランクです。2013年のOECD（経済協力開発機構）による調査では、消費大国と言われる米国の2・4％を大きく下回る0・9％になっています。

ちなみに1970年代は20％台、1980年代は10％台でした。バブル崩壊後の経済の低迷、非正規社員の拡大、少子高齢化などの影響が重なっているのでしょうが、これほど短期間にお金に対する向き合い方が変わった国というのも珍しいかもしれません。

お金に対する考え方や向き合い方というと、ラテン系の国は貯蓄率が低い、アングロサクソンは投資好きなどと、国民性や民族性に左右されるものと考えられがちです。しかし、その国がどういう体制なのか、どういう国家を目指しているかということの影響のほうが大きいのです。なかでも一番影響を与えるのは社会保障と税金です。

米国などは政府を極力小さくして税金を少なくし、その分自由な経済活動をすることに最大の価値を置いています。

そういう社会では競争と自己責任が前提で、社会保障や福祉にはそれほど頼れません。そうなると当然自分頼み、お金頼みになります。米国人のマインドは、自立して成功しお金を稼ぐこと、それを投資で増やすことを最も重視しています。

これとは逆に、社会保障を徹底的に充実させる代わりに税金が高いのが北欧の国々です。たとえば、スウェーデンでは一定以上の年収の人は所得税率50％、消費税率25％です。それでも、手厚い社会保障があるため国民が文句を言うことはありません。教育費は、誰がどんな大学や大学院に行こうが一切かからず、医療にかかる費用も原則無料。失業しても1年間は高額な失業保険が下ります。

高福祉社会では貧富の差が小さく、将来の不安が少ないので貯蓄性向は低くなります。また、家族との関係やコミュニティのつながりを重視するため出生率は高くなります。

面白いのは、スウェーデンの企業でもよく労働者を解雇しますが、高額な失業保険が下りるため、クビになった当の本人はそれほど気にしません。その間にじっくり別の会社を探すのです。

国民のお金に対する意識は、このように国家の体制、特に税金と社会保障のあり方に大きく関係しています。

低信用社会ほどお金に価値を置く

低信用社会か高信用社会かというのもポイントです。たとえばロシアやインド、中国などは社会が混乱していた時期もあり、国や政府をあてにせず、自分の身は自分で守るという意識が強い。

どう守るかは国、文化によって違いますが、ロシアや中国は人と人とのつながりによります。厳しい社会を生き抜くために、あの人たちは家族や一族のつながりを非常に重んじるのです。一度身内だと認識したら、とことんお互い助け合う。中国では同じ苗字の一族による連帯が強く、各所にある「周」や「張」などの苗字を冠した会館は、その苗字の人が優先的に使えます。

インドの場合は、いざというときのためにお金を貴金属や宝石などに換えておきます。

インド人は国を基本的に信用していませんから、その国が発行する通貨も信用できないということなのでしょう。

日本はどうかといえば、昔から高信用社会です。農村にしても町にしても隣近所のつき合いがあり、お互いの信頼関係で社会が成り立っていた。「村八分」という言葉もあるように、コミュニティを脅かすような勝手な行動をとる者を排斥する村社会特有の窮屈な面はありますが、その中にいれば安心して生活ができました。

一般的に、高信用社会では国家や社会制度に頼ろうとし、低信用社会では社会制度に頼れないので、自分たちの仲間を大事にしたり自分の資産に頼ろうとするわけです。

高負担・低福祉社会という最悪の道

国家の仕組みや社会の成り立ちそのものが、そこで暮らす人たちのお金への意識、お金との向き合い方に大きく影響します。私たち日本人のお金に対する意識が大きく変わりつつあるのは、まさに今大きな時代の変わり目に直面していることの表れです。

これまでの日本は中負担・高福祉の国でした。それが可能だったのは、企業が社会保障の役を担っていたからです。終身雇用や社宅、住居手当などの福利厚生によって、定年まで社員の生活をかなりの部分で保障していました。

ですから、比較的低い税率でも国民生活が円滑に動いていたわけです。

ところが、企業にそのような余裕がなくなったバブル崩壊以降、同時に国家財政も逼迫し増税を余儀なくされました。消費税率が10%になることもこの流れでは必然です。少子高齢化がますます進むので、税金はもっと高くなるはずです。

つまり、中負担・高福祉はもう続きません。これからは高負担・高福祉で行くのか、低負担・低福祉に進むのかを選択する必要があります。私自身は、多少税金が高くなっても高負担・高福祉国家の方向に進むべきだと思っています。そちらのほうが、米国型の社会より日本人に合っていると考えるからです。

ところが、現実は高負担・低福祉という、最も救いのない方向に進みつつあるのが日本の現状だと思われます。

3分の1もの家庭が「貯蓄ゼロ」

日本人の貯蓄額はいったいどれくらいでしょう。金融広報中央委員会の「家計の金融行動に関する世論調査」(2014年)によると、二人以上世帯における金融資産保有額の平均は1182万円(単身者世帯は774万円)となっています。そんなに貯蓄しているのかと驚かれるかもしれませんが、これはあくまで平均の数字。年収の項でも説明しましたが、分布に偏りがあるデータに関しては、平均値が必ずしも全体の傾向を示さないのです。一人でも貯蓄額が突出していると、それに全体が引っ張られてしまうからです。

こういう場合は中央値を見るのが鉄則ですが、この調査の中央値は400万円。さらに、単身者世帯の中央値は74万円と極端に低くなっています。

大きな問題は、金融資産非保有世帯、つまり貯蓄ゼロの世帯が全体の3分の1も存在するという事実です。ぜいたくや浪費をして貯蓄できないというのではなく、おそらく子供の教育費などでお金がかかり、貯蓄をしたくてもできない状況なのでしょう。

前章で、米国の私立大学授業料が年間５００万円もかかるという話をしました。日本の場合、初年度の入学料、授業料合計の平均は国立大学が約82万円、公立大学が約94万円、私立大学文系が約１１５万円、私立大学理系が約１５０万円となっています。

すでに、大学の学費はここ20年で2倍というペースで上昇してきていますが、財務省などを中心に、国立大学の学費をさらに上げようとする動きも強くなっています。そのうち日本の学費も米国並みに高額になるかもしれません。そうなると、大学に行けるのは高額所得者層の子供に絞られるようになるでしょう。

３分の１の家庭で貯蓄ゼロになるほど家計に余裕がないのが現状ですが、できれば貯蓄は年収の2倍の金額を持っていたいところです。何かあったときでも、それで何とか2年間は生活できる。年収３００万円なら健康保険や税金を引かれた手取りが約２３０万円だとして、４６０万円の貯蓄を目指しましょう。支出を何とかやりくりして毎月２万円を浮かし、積み立て貯蓄をする。ボーナスなどで6万円をプラスして年間30万円貯蓄すれば、7年で２１０万円、15年で４５０万円になります。

何かあったとき、それでしばらくの間食いつなげるお金は絶対に必要です。突然のリストラにあっても、その間に次の職を探すことができます。

これから格差はますます広がる

3分の1の世帯が貯蓄ゼロでありながら、全世帯の貯蓄平均値が1000万円以上。これが何を意味するかというと、貯蓄ゼロの世帯がたくさんある一方で、とんでもないほど金融資産を増やしている世帯があることです。

まさに二極化が進んでいるのです。今はポルシェなどの高級車が飛ぶように売れ、帝国ホテルやホテルニューオータニなどにある高級レストランの予約がとれない状況だとか。一方で、家族を抱えた一般サラリーパーソンは、昼食がワンコインどころか一日の小遣いが500円。300円の牛丼に、コンビニの100円のドリップコーヒーという毎日です。この違いはどうして起こるのでしょうか。

かつてない量的緩和で物価を上昇させ、デフレ脱却を目指したアベノミクスですが、円安と株高は達成したものの、今のところ肝心の賃金上昇にはつながっていません。

近代経済学では、市中にお金を流せば物価が上がり、企業業績が上がっていずれは賃金に跳ね返ると考えられています。しかし、マルクスは「貨幣退蔵」という言葉で、それが簡単にいかないということを150年も前に指摘しています。

大量に刷られたお金はどこかでせき止められ、全体に行き渡らない。せき止めるのは誰かといえば、内部留保する企業や個人です。この滞留が起こるため、いくら貨幣量を増やしてもなかなか市中には浸透していきません。また、余ったお金が投資に回される場合でも、株やFX、不動産投資など金融経済のほうに流れていき、実体経済になかなか向けられないという状況もあります。日経平均株価は2015年4月に15年ぶりに2万円台を回復し、5月には円安ドル高を受けて27年ぶりに10連騰しました。

しかし、株価が上がったことの恩恵を受けられる人は、いったいどれだけいるでしょうか。いくら一般投資家が増えたといっても、株をやっている人はほんの一部。株価上昇で利益を得ているのは、多くの株を保有している一部の資本家（機関投資家）や富裕層だけでしょう。

株価が上昇して景気がよくなれば会社も潤い、それが賃金に反映されることがあるかもしれません。しかしそのタイミングはかなりあとになるでしょうし、その恩恵がおよぶ範囲も限られたものです。

コンビニで昼食をすませる人とポルシェを買っていく人の二極に分化される背景には、このような事情があるわけです。

大多数の日本人はさほど賃金が上がった実感もなく、物価上昇だけは感じているという状況ではないでしょうか。アベノミクスが続き、新自由主義的な経済が進めば進むほど、この二極分化はより鮮明になっていくはずです。

格差縮小には戦争しかない⁉

『21世紀の資本』の著者であるトマ・ピケティ氏と対談した際、彼と私の立場の違いが明らかになりました。

ピケティ氏は過去200年の資本主義国家のビッグデータ分析によって、資本主義国家において格差は常に拡大するということを証明しています。資本主義が格差を拡大してきたことに関しては同じ意見ですが、彼の説が近代経済学の「分配論」に基づいているのに対して、私はマルクス資本論の「生産論」に基づいた解釈をしています。

前章でお話ししましたが、生産によって得た利潤を資本家と労働者が分配する（できる）という大前提に立つのが「分配論」。格差が広がっているのは、その分配がしっかりできていないからだというわけです。

それに対して「生産論」では、分配は資本家と地主の間、もしくは産業資本家と金融資本家の間でのみ行われるもので、最初から労働者は排除されている。労働者がどんなに一生懸命働こうが、それによっていくら利益を上げようが、賃金は最初から決められているとします。

つまり、資本主義経済における労働者は構造的に搾取されており、必然的に格差は広がっていくというわけです。

立場の違いはあれ、格差が広がっていることに議論の余地はありません。

ところが、その格差が縮小した期間がこれまで2回だけあるのです。それは第一次世界大戦期と第二次世界大戦期です。戦争には莫大なお金がかかります。近代の戦争は挙国一致の総力戦で臨まないと負けてしまうので、お金持ちからお金を奪取して軍備に回します。国家の緊急事態なので、お金持ちだけ例外的に優遇する余裕がなくなるわけです。

戦争によって格差が小さくなるというのは、何とも皮肉なことです。人類は平和の中で経済発展を維持しつつ、平等を実現するという課題をまだ達成していないのです。

現実には、経済の発展には戦争がつきまといます。たとえば、第一次世界大戦の敗戦国ドイツでは賠償金が払えずに激しいインフレが起こり、経済が逼迫したことでナチスが台頭する素地をつくってしまいました。それが第二次世界大戦の引き金になったわけです。

米国の場合、これまでニューディール政策によって世界大恐慌から脱したと考えられていましたが、実は第二次世界大戦にまつわる生産拡大で経済が回復したと見るのが現在の定説です。日本があれだけ早く戦後復興できたのも、朝鮮戦争の特需があったからです。

ケタ違いのお金が動く軍需産業

アベノミクス第三の矢である「成長戦略」もずいぶんあやしいものです。成熟した日本で、これ以上国民に消費を促すことも難しいでしょうし、少子高齢化で人口が減るとなれば限界は見えています。

そこで注目されているのが軍需産業です。戦車1台数億円に戦闘機1機数十億円。兵器にはケタ違いのお金が動きます。たとえば潜水艦。オーストラリアは原子力ではなくディーゼルエンジンで動く日本の「そうりゅう」型潜水艦の導入を検討しています。潜水艦において高い技術を持つ日本との共同開発を行う方向で検討が進んでいるようです。

あとはH-2ロケット。人工衛星を頭につけている限り平和利用のロケットですが、弾頭につけ替えれば立派な弾道ミサイルです。

これから注目されるのはUAV（無人飛行機）です。対テロ戦などに有効で、技術力の高い日本の企業なら開発が可能でしょう。現状ではイスラエル製が安くて優秀です。相手の国に遠隔操作で飛ばしてアジト上空に潜入させ、顔認証でターゲットを判定。すると爆弾ではなく五寸釘のような銃弾を先端から発射して、ターゲットの眉間に命中。ピンポイントでその人物だけを殺傷します。

安倍内閣は2014年4月、「防衛装備移転三原則」を閣議決定しました。それまでの「武器輸出三原則」では武器の輸出を禁止していましたが、条件つきで輸出ができるようになったのです。アベノミクスの第三の矢には、実は軍需産業の拡大が含まれています。

武器ビジネス、戦争による破壊、その結果として起こるインフラの再整備というのは、経済で最もお金が動く出来事であり分野です。資本主義社会では、結局は倫理より儲けることが優先されます。

沖縄の反発を理解できない安倍政権

だからこそ、軍事産業がある程度飽和してくると、武器を使わせるために戦争を仕掛けるのだという陰謀説が流れます。これもあながちあり得ない話ではないのかもしれません。米国やロシアが中東などの周辺国の組織に武器を輸出するのも、結果的に戦争をあおっていると言われても仕方がない側面があります。

とはいえ、陰謀説よりもっと現実的で懸念されるのが「空気」です。無意識のうちに、戦争でも始まらないと景気がよくならないと考える人が増えると、その流れが自然とできてくる。今の日本の社会全体に、そんな集合的な無意識の萌芽がないとは言い切れません。

2015年7月に集団的自衛権を認める安全保障関連法案が衆議院を通過し、ほどなく参議院を通過して成立する見込みです。集団的自衛権が即戦争につながるかどうかは別にしても、安倍首相の進め方はやはり強引です。

おそらく、安倍首相の頭には「自分は大きな視点から正しいことをしているのに、なぜ無知な国民は反対するのか」という上からの目線があるのではないでしょうか。あるいは、分別のない国民から不条理な攻撃を受けているという被害者意識かもしれません。

そこには「自分の言うことが絶対に正しい」「文句を言わずに言うことを聞け」という、権力を保持する人間に特有の、むき出しになったエゴのようなものを感じます。それはもはや理性ではなく、精神主義に近いものです。

このような傾向は、沖縄の米軍普天間飛行場の辺野古移設問題にも強く感じられます。沖縄の世論を無視する形の辺野古での新基地建設は、民主主義の原則、人間の理性や良心を離れ、国家の威信とメンツにこだわった強引なものになっています。それがさらに沖縄の人たちの反発を買っているのです。

お金は自ら増殖しようとする

2015年2月、ジャーナリストの後藤健二さんが「イスラム国（IS）」に殺害される事件があり、その映像の中で、ナイフを手にした男は「これから日本人の悪夢が始まる」と語っていました。これは「イスラム国」から日本に向けた明らかな宣戦布告です。

その後「イスラム国」の報道は当時ほど頻繁ではなくなりましたが、米軍やイラク軍の攻撃にもかかわらず、「イスラム国」はその後も支配地域を広げています。

「イスラム国」はカリフ（預言者ムハンマドの後継者）による帝国を築き、それを世界に広げようとしています。それを阻む者に対しては暴力もテロも辞さないのです。

歴史上、こういう思想は時々出てきます。かつてのコミンテルン（共産主義インターナショナル・国際共産党）がそうでした。世界を労働者によるひとつの国にするために、世界各地にコミンテルンの支部（日本共産党、ドイツ共産党など）があった。それぞれがそこで革命活動を行うわけです。一方ではソビエト連邦という国際法に準じた国家をつくりながら、他方ではコミンテルンによって国際法を無視した暴力革命を続けるという二本立てだったのです。

世の中には、ひとつの価値観を押し広げ、それによって世界を統一することで理想が実現するという考え方があります。中世のカトリック教会もそうですし、仏教からもオウム真理教のような過激な思想が出てきたりします。

資本主義社会における新自由主義やグローバリゼーションもそうです。国家の壁をとり払い、世界単一のルールにする。そういう意味では、かつての植民地支配も帝国主義も、価値を広げていくという「普遍主義」という点では同列なのです。

この普遍主義というのが曲者です。自分たちの価値やスタンダードを広げていき、すべてを覆い尽くすことで目的を達することができるという強迫観念のようなものがあるので、必死にそれを押し広げようと試みます。

そういう点では、お金自体にもまさに普遍主義的な性質があります。お金が腐ることはないし、それどころか預金や投資をすることで増えていくという、自己増殖する性質が内在しています。それゆえ多くの人がその価値を認め、国境を超えて取引されるのです。

たとえば、人間の細胞でも増殖し続けるがん細胞は危険な存在。それは自然の法則に反しているからです。

自分のテリトリーを広げながら異質なものを抹殺していく――。お金と経済と戦争というのは、類似点があるパラレルな関係だと考えることができるのです。

「イスラム国」はお金にシビア

「イスラム国」が仕掛けるテロ戦争は、これまでの常識ではとらえきれません。明確な国家でも、顔の見えるはっきりした組織でもないからです。

世界各地に散らばったイスラム原理主義者が、ネットやメディアを通して投げかけられたメッセージに反応し、各地でゲリラ的にテロを行う。戦う相手も交渉する窓口も見えにくい非対称な形の戦争になるわけです。

やっかいなのは、世界中の非イスラム系の若者まで今の資本主義社会に幻滅し、将来に希望を見出せず、現状を変えたいと「イスラム国」に賛同していることです。これは、かつて社会の矛盾に幻滅し暴力で世界を変えようとした過激派組織と同じです。

イスラム原理主義であれ共産主義であれ、共通するのは「一発逆転」の思想です。金持ちが優遇される今の世の中を一気にひっくり返してやろう、これまでの価値観をすべて変えてやろうという、一か八かのギャンブルに近い発想があります。

「イスラム国」に参加する世界各地の若者たちは、生活苦でどうにもならないわけではありません。そこそこ食べていけるのだが何か面白くない。現状に不満があり、物足りないという人です。かつての過激派の学生やオウム真理教に走ったエリート学生に通じます。

なんとなく生きている実感がわかないという人が、リアルな生の輝きが欲しいと過激な世界にはまっていくわけです。

資本主義に対するアンチテーゼを掲げる割には、お金に対して貪欲なことも特徴のひとつでしょう。高額な身代金を要求するのはもちろん、遺体を返還する際にもかなりのお金を吹っかける。シリアなどから若者を誘拐し、奴隷として売ることでお金にする「誘拐ビジネス」を行い、その収支をしっかり管理しているとも言われます。

彼らは、戦争をしながらビジネスをしているわけです。一方で中世的なカリフ制の原理主義を唱えながら、実利的なビジネスの論理もあわせ持っている。ビットコインを使って戦費を調達しているという指摘もあります。

情報社会の現代で怖いのは、知らないうちにテロやその周辺の〝商売〟の片棒をかついでしまうこと。ユーチューブで後藤さんの画像が流れるとき、そこに広告が入っていたらどうでしょう。私なら広告主をチェックして、その商品は絶対に買いません。

そもそも、「イスラム国」の恐怖宣伝に使われるような残虐な画像は一切見ないし、転送もしない。連中の思うツボになるからです。

イスラム原理主義や共産主義だけでなく、お金や経済にも共通しているのは、普遍主義的であり、価値を自己増殖する性質があるということです。そこにさまざまな矛盾と不幸が起きることを知るだけでも、仕掛けられた罠から逃れることができます。

噴出するアベノミクスの弊害

ここまで、明るい話がほとんどありません。安保関連法などで国内がもめている間にも、世界中でさまざまな問題が起きています。これからは、嫌でもそういう問題と向き合わなければならない状況になるでしょう。

現在、世界各国が自国の利益を最大化しようと必死です。海洋国家として覇権を広げようとしている中国も、南シナ海で周辺諸国との軋轢を生んでいます。

国連は一応存在していますが、ほぼ形骸化していると言っていいでしょう。現実の国際社会を見ていると、グローバリゼーションの流れの中で、自国さえ何とかなればいいという国家エゴイズムが蔓延しているのです。そうした状況で、その場しのぎの政治しかできない国は真っ先に他国の食い物になるでしょう。

今の日本は、残念ながらそうした国になりつつあります。アベノミクスが何をしたかといえば、結局はお札を大量に刷っただけ。円安になっても、すでに多くの大企業は生産拠点を海外に移しています。円安メリットはほとんど関係ありません。

逆に多くの中小企業は原材料の高騰で苦しんでいます。仮に1ドル125円を突破するような状況になったら、原油安も小麦や大豆など原材料の高騰で相殺されてしまいます。消費税でダメージを受けた個人消費は、さらに圧迫されるでしょう。

一方で、財政赤字は膨らみ続けています。国債など国の借金は2015年3月末で約1053兆円。個人資産が1400兆円あるから大丈夫だと言う人がいますが、高齢者がこれから貯金を切り崩せば、この数値が逆転するのは時間の問題です。

また、地方創生のかけ声で実際にやっているのは昔ながらの公共事業。それも、このところの円安による輸入資材の高騰、さらに建設現場の賃金上昇で、提示額では引き受けられないと入札が不調に終わることが増えています。

新国立競技場建設の問題も工費の高騰が原因で迷走していますが、建設資材の高騰にもその一因があります。アベノミクスの弊害は、これから至るところで出てくるでしょう。

これからのお金とのつき合い方

私自身は、消費税を上げることには賛成です。前述した通り、これからの少子高齢化社会で最も日本にふさわしいのは北欧型の高負担・高福祉社会だからです。ただし、ぜいたく品には高い税金をかけ、食料など生活必需品はゼロにするという、低所得者層の負担を軽くする軽減税率を採用するのです。

どんなに悪くなったと言っても、日本は国際社会の中ではまだまだ裕福な国です。給料は一向に上がらず苦しくても、年収200万円あれば何とか食っていくことはできる。その点では資本主義社会として高度に積み上げてきたものがあります。

ただし、年収400万円以上を常時確保するのは大変です。持ち帰り仕事も当たり前の厳しい勤務も覚悟する。年収500万円以上稼ぐとなると、実力の他に運も必要になる。

あなたがもし正社員として勤めているなら、けっして短気を起こして辞めたり、計画もなく独立したりしないことです。一度そこから外れて非正規採用になったら、年収は伸びないしそこから正規に戻るのは至難の業です。多少社内で思い通りにならなくても、他にやりがいや生きがいを見つけ、上手く副業で小銭を稼ぎながら、上手にズルく生き残ることを考えるべきでしょう。

周囲の状況をよく観察し、自己啓発書にあるような聞こえのいい言説にあおられて下手に動いたりせず、しっかり自分の足元を固めてください。そのためには家族、友人、仕事のパートナーとの関係を密にすることが大切です。あなた自身の半径5メートルから10メートルの人間関係、そのリアリティを大事にしましょう。

その中で、できるだけお金のかからないことに楽しみと喜びを見出す。課金ゲームに没頭することなど一番の無駄です。だったらガーデニングでも模型づくりでも、何かを育てたりつくったりする趣味を楽しむ。また、今の時代がいいのは情報や娯楽が安く手に入ること。ネットを使えば映画やドラマを低額で視聴できます。

カードを使わず現金主義に徹する生活を一カ月してみるとお金に対する感覚が磨かれ、自分のおおよその消費傾向がわかります。たとえば手取り給料が26万円だとしたら、半分の13万円を下ろして、そのお金だけで何日暮らせるか試してみる。これが自分の想定より早くなってしまうようなら、消費パターンを見直すべきです。

自分の半径5メートルから始める

混乱した世の中につきものなのが、不安を吹き飛ばすような大言壮語だったり、非合理なかけ声、プロパガンダです。くれぐれもそんな言説に踊らされないようにしましょう。

戦前の大ベストセラーに『日本人の偉さの研究』という本がありました。

日本人が強いのは便器が違うからだ。和式だから腰の力がつく。その強さで白人をやっつけるというんですね。また、肉と砂糖をとらずカロリーを減らすほど日本人は強くなるとも。こんなむちゃくちゃな本がベストセラーになった。この本が出て十数年後、太平洋戦争に突入した日本は、大変な被害と犠牲を出して敗戦してしまいます。

素養や裏づけもなく、天下国家の大きな話を吹く手合いには注意が必要です。「強い日本」「美しい日本」「日本はすごい」などと美辞麗句を並べる人間にも注意しましょう。

お金に関して言うなら、将来は年金が破綻するなどと不安をあおり、やたらと利回りがよく見えるマンション投資をすすめるような手合いにも要注意。そもそも、そんなにおいしい話なら人にすすめる前に自分がやるはずです。

不安な時代、混沌とした時代になればなるほど、あやしげな儲け話が世の中に蔓延します。くれぐれもそんな話に乗らないようにしましょう。

政治的な問題と同様、お金についても一発逆転を狙わないことです。下手に欲を出してこの状況を一気に変えてやろうなどと考えると、投機やギャンブルの世界に足を踏み入れてしまいます。そうなると、逆転どころか下手をすると借金をして一気に奈落の底に落ちてしまう可能性があります。

こういう時代だからこそ大きなものを狙わず、それより自分の半径5メートルを見直す。自分自身が手を伸ばせば変えられたり、つくり上げたりできるリアリティから見つめ直すべきなのです。

市場経済はごく最近のモデル

一方で、私はこれからの世の中に可能性も見出しています。

今の日本社会、経済には閉塞感が漂っていて、世界では格差の拡大で二極化がますます鮮明になってきていますが、それは近代以降の経済の枠の中で考えているからかもしれません。経済の形はそれだけではないのです。カール・ポランニーという経済人類学者がいますが、彼は人間の経済を歴史的な視点から3つのカテゴリーでとらえています。

私たちが今生きているのは「市場経済」の時代ですが、ポランニーによると、それは近代以降の話。長い人類史の中で考えればごく最近で、これは3番目の経済だといいます。最初は「贈与の経済」。これは読んで字のごとく、贈与、つまり与える経済です。ものをたくさん所有している者が、持っていない者に分け与えます。

ポトラッチというのは北アメリカ沿岸部の先住民族の間で行われている風習で、裕福な家庭や指導者が、家にたくさん客を呼んで祝宴や贈り物などでもてなすのです。子供の誕生日や成人式、結婚式や葬式などの冠婚葬祭のときに催され、裕福な者が競うように周囲に施し、なかには破産するまで続ける者もいます。

それが、結果として社会への再分配の役目を果たしていました。裕福な人間がひたすら施しをして周囲の尊敬と崇拝を集める。それが社会的なステータスになるのです。

持っている者、豊かな者が持たざる者や弱い者に施しをして助ける。市場ができていない社会で富を分配するには、これは実に合理的、効果的な方法です。

現代で言えば、会社の先輩と後輩にこれと近い関係が見られます。ある程度収入があり余裕のある先輩が若手を食事や飲みに連れて行き、金はすべて出す。そこで後輩たちは先輩から社会人としての生き方や考え方も学んでいきます。そうやって成長した若手が、今度は後輩の面倒を見るというシステムです。

相互扶助の経済に活路がある

2番目は「相互扶助、助け合いの経済」で、お互いが持っているものを交換し合う経済です。これは昔の「講」のようなもので、村の中の有志が集まって少しずつお金を出し合ってプールし、メンバーの誰かにお金が必要になったらそこから出す。

沖縄ではこの風習が今も生きており、「模合《もあい》」と呼ばれています。模合では定期的にメンバーがお金を出し、それを受け取る人は毎回順繰りに変わっていきます。模合のときはみんなで集まって宴会をしてそこでお金を渡すため、単なるお金のやり取りだけでなく、大切なコミュニケーションの場でもあるのです。

農耕社会などでは特に、このような共同体の中で助け合いながらお金やものを回していくシステムができていたわけです。

お金を仲介物として市場で商品が売り買いされる市場経済が盛んになったのは近代以降。

そこでは需要と供給の関係で価格が決まり、お金とものが広く流通するようになりました。

つまり、私たちが当たり前だと思っている市場経済だけが経済ではなく、他の形もあり得ると認識することから私たちは始めなければなりません。

現代の市場経済、資本主義経済に生きているとなかなか見えてきませんが、利益を追い求めず、競争もないという価値観があることを頭の片隅に置いておくのはとても重要です。

というのも、「高負担・低福祉」「二極化」というキーワードに沿って進んでいくこれからの社会では、たくましく生きるヒントが市場経済的な価値観とは別のところにあるように思えるからです。

たとえば、都会を離れて田舎に居を移す人が増えています。一見不自由に見える田舎の生活でも、米や野菜、魚など自分たちでとって余ったものを分け合う。すると都会で生活するほどお金を稼がなくても十分豊かな生活ができる。そのことに気づいた人が増えてきているのです。

都心で働くにしても、新しいマンションではなくたとえば郊外の築古物件を狙えば、今は一軒家でも数百万円という格安物件が結構あります。そういう物件に家族と住み、都心では知り合いとルームシェアして職場にはそこから通う。週末は郊外の家族の元に帰ってのんびりする――。そんなライフスタイルだって考えられます。

思考を柔軟にしていろいろな可能性を考えてみると、お金をかけずに豊かに楽しく生活する方法はあるはずです。

新自由主義やＴＰＰの進展で国内外の競争はより激しくなり、社会保障や福祉には頼れない時代が到来します。ポランニーの言う市場経済が先鋭化すればするほど、その仕組みに埋没するのではなく、それとは違う価値観と尺度をあわせ持っておく必要があるのです。

競争の中でなりふりかまわず、人を騙してでもお金儲けをするような人は、短期的にはいい目を見るかもしれませんが、そういう人の多くはやがて嫌われ、相応の扱いを受けることになります。最終的には損をするケースのほうが多いのではないでしょうか。

厳しい時代だからこそ、私たちは相互扶助の考えをどこかで温め続けたほうがいいように感じます。それは人間関係、特に深い友人関係をどれだけつくれるか。「あいつのためなら」とひと肌脱いでくれる人をどれだけつくれるか。目先のお金や出世に汲々とする前に、そういう目に見えない部分の蓄積に思いをはせてみることも大切です。

「格差社会」を考えるための本

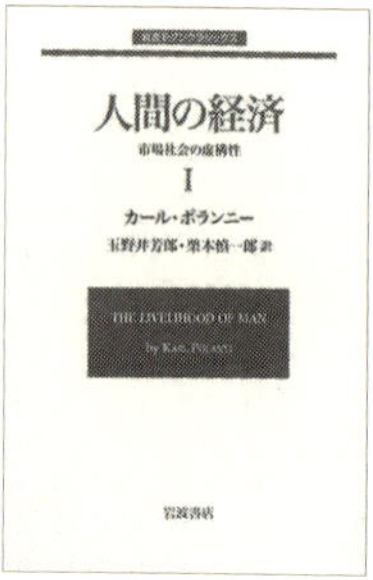

『人間の経済（I・II）』

カール・ポランニー／岩波モダンクラシックス

市場経済を最善とする資本主義経済の虚構性を暴き、再び人間の経済をつくり出すための方法を、交易、貨幣、市場の主題から解き明かす

『福祉政治―日本の生活保障とデモクラシー』

宮本太郎／有斐閣

社会保障や福祉が日本をどのように変えていくのか。福祉政治の理論を整理しながら、１９６０年から現在、そして今後の展望を考察する

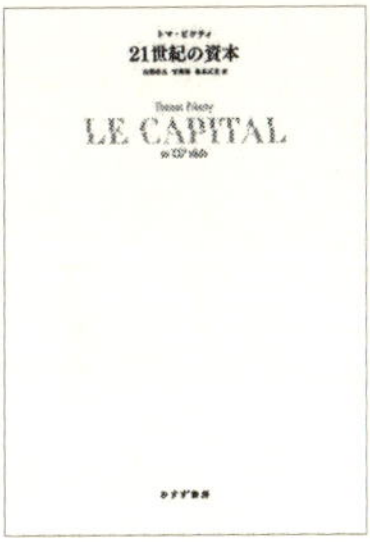

『21世紀の資本』

トマ・ピケティ／みすず書房

資本主義の世の中において、経済格差がどのように生み出されていくのか。豊富なデータを元に検証する。これからの日本と世界を知るための一冊

『貧乏物語』

河上肇／岩波文庫

貧乏とは何か？　裕福とは何か？　古今東西の文献や記録から多角的に貧困問題に迫る。人間が生きていくことと貧困、そして社会とのかかわりがわかる古典

『ピースメイカーズ―1919年パリ講和会議の群像(上・下)』

マーガレット・マクミラン／芙蓉書房出版

　第一次世界大戦を終結させたパリ講和会議の様子を、日記や手紙、通信文から報告書や覚書という大量の資料に依拠し叙述。各国の思惑と条約形成過程がわかる

『イスラム国―テロリストが国家をつくる時』

ロレッタ・ナポリオーニ／文藝春秋

　「イスラム国」について、歴史上はじめてテロリストが国家をつくることになると警鐘を鳴らす著者が、その成り立ちや、これまでのテロリズムとの違いについて指摘する

第3章

プロに騙されずにお金を増やすには

副業で稼ぐにはいい時代

アベノミクスがどんな結果をもたらすにしても、一般のサラリーパーソンの給料が一気に上がる見込みはありません。そうであれば会社を辞めずに定収入を確保しつつ、副業で小遣いを月数万円稼ぐというのが、一番現実的で賢いしのぎ方ではないでしょうか？

ただし副業はあくまで副業。本業に差しさわりがあるほど力を入れては本末転倒なので、そのバランスを常に考えること。副業のノウハウやスキルが本業でも生かせて、両者がよい回転をするようになることが理想です。あくまで、家計の足しになる小遣い稼ぎくらいの気持ちで臨んだほうが、結果として上手くいきます。

小遣い稼ぎの副業をするのに現代ほど恵まれた時代はないと言っていいはずです。パソコン一台とネット環境があれば、さまざまなビジネスがどこにいても、いつでも可能だからです。実際、世間にはネットビジネス、ネット副業で毎月5万円、10万円を手堅く稼いでいる人がたくさんいます。

先日、必要がありヤフオク！でケロちゃんコロちゃん人形というのを買いました。40代以上の人なら、コルゲンコーワでおなじみのカエルのマスコットと言えばわかるのではないでしょうか。これが今結構プレミアムがついていて、15センチくらいの大きさのものになるとケロちゃんとコロちゃん2体で5000円から1万円することもあります。それがヤフオク！では800円で購入することができました。

安く手に入れられたということは、それを利用してお金を稼ぐこともできるわけです。つまりネットで掘り出し物を安く仕入れて高く売る。先ほどの商品ならネットで5000円で十分売れるので、商品を右から左に流しただけで4200円の利益になる。転売して利ザヤを稼ぐビジネスは「せどり」と呼ばれ、今では一般的です。

一見飽和状態に見える世の中にも、ビジネスのネタはたくさん転がっています。

たとえば、今ブームの『妖怪ウォッチ』もメディアミックスの成功で爆発的な人気になっているので、関連アイテムも高価で取引されています。これも、上手く仕入値を抑えれば利益が上がるはずです。熱狂的なファンやマニアがいる世界の商品は、その外の世界の人には想像もつかないほど価値が上がり、ビジネスが成立します。

意外なものが意外な値段で売れる

自分でビジネスを立ち上げる場合、お金を儲けるには3つの方法しかありません。ひとつは他人ができないことをやる。自分の特別な才能や技術を生かして、オリジナルの商品やサービスを提供するのです。

ふたつ目は、人が嫌がる仕事をする。いわゆる3Kと呼ばれるような「きつい」「きたない」「危険」な仕事です。3つ目は、まだ人が気がついていない商売。先ほど紹介した「せどり」のような、ニッチな分野でのビジネスがそれに当たります。

1番目の「他人にできない仕事」は、誰にでもできるわけではありませんが、それ以外はやる気さえあればハードルはそれほど高くありません。ただし、2番目の「人が嫌がるきつい仕事」は、長続きできるかどうかが難しい。精神的にも肉体的にも疲弊してしまい、続かないことになりがちです。

3番目のニッチビジネスは、狙い目さえよければ基本的には誰にもチャンスがあります。

ただし儲かる分野や商品を見つけたとしても、そのうち真似されて競争が激しくなりがちです。先ほどの「せどり」などは、たくさんの競合との安値競争が起きてしまえば、利益を出すどころではありません。

それぞれ一長一短があり、どれがいいと一概に言うことはできません。また、1番目と2番目、2番目と3番目というように、要素が重なっているビジネスもあるはずです。

最近面白いと思ったのはプラモデルの制作ビジネス。プラモデルはつくることが楽しみなのかと思いきや、今は完成品が高額で取引されています。ヤフオク！などでは、一見するとプラモデルには見えないほど精巧で塗装も凝った商品が売られています。

完成品は原価の10倍以上で売られていることも珍しくないので、かなり利益率の高いビジネスです。高い技術が必要ですが、子供のころ好きで自信もあるという人は挑戦してみると面白いかもしれません。

実は私自身プラモデルが好きで、特に第二次世界大戦中の珍しい戦闘機を集めています。ネットで海外のレアな商品を購入したりしていますが、残念ながらつくる時間がなく箱に入ったまま。いつか組み立てたいと楽しみにしています。

あとは、ラジカセのような昔のオーディオ機器が結構高値でやり取りされており、こういったレトロ商品も狙い目。物置に眠っている商品に高値がついたりします。

レコードも一部マニアの間では熱狂的な人気があります。レコード盤やレコードプレーヤーが高値で取引されている半面、レコードを処分したいとまとめて安く売っている人もいます。まさに価値観の濃淡がはっきりしているので、探していけば掘り出し物があるはずです。転売して利ザヤを稼ぐ、「せどり」に適した分野かもしれません。

ヤフオク！やeBayなどのサイトをチェックすると、そんな世の中の動きがわかります。今どんな商品がどれくらいの価格で売買されているのか、こんな商品が意外に高価なんだと知るだけでも参考になるはずです。マニアというのはどの分野にも必ず存在するため、そういう人たちに向けたニッチな市場が案外ビジネスになるのです。

スモールビジネスの大原則

前項のような副業は会社員を続けながらでもできます。1カ月に5万円、上手くいけば

10万円くらい稼げるかもしれません。その分を自分の小遣いにしてもいいし、毎月貯蓄に回してもいい。本書の趣旨は、大きく稼いで大金持ちになろうというものではなく、いかに厳しい時代をしのぐか、資本の論理に食い物にされないようわが身を防衛するかということです。

なかには副業が軌道に乗って本業と同じくらいの収益を上げるようになり、そちらにシフトする人がいるかもしれません。ビジネス成功のポイントは、できるだけ初期投資がかからないようにすること。設備投資や家賃が極力かからないビジネスが狙い目です。

飲食店などは、初期投資がどうしてもある程度かかります。店舗設備や家賃、場合によってはスタッフの人件費など、数千万円かかるケースも少なくありません。元手の限られた、サラリーパーソンだった人が始めるビジネスとして現実的ではありません。

初期投資の小さい飲食店としては屋台ビジネスが挙げられます。家賃はかからず、基本的に一人でやる商売なので初期投資はそれほど必要ありません。特に都会で商売するには狙い目ですが、その分面倒な問題もあります。ひとつは、ゲリラ的に地域に出没すると競合する実店舗との関係が難しくなること。彼らは地域に根を張り、そこで家賃を払って商売をしています。突然近くに屋台を出され、顧客を持っていかれたら死活問題です。地域とどう折り合いをつけるかが屋台ビジネスの大変なところでしょう。行政の規制も厳しいですから、簡単に屋台が出せる時代ではないこともあります。

そんなハードルを乗り越えながら、実際にタイ風焼きそばで成果を上げている屋台の話を聞いたことがあります。工夫次第では、たとえばインスタントの袋麺を専門に出す屋台などもあり得るでしょう。チャーシューやメンマなどのトッピングを別売りで売る。飲んだあとに食べたくなるし、話のネタにもなるかもしれません。消費者の嗜好や趣味は多様化しています。上手く乗ればビジネスになる時代です。

ビジネスで成功するポイントは、初期投資を抑えると同時にできるだけ借金をしないで始めること。独立して始めるなら、副業などで最低でもタネ銭として300万円、できれば500万円くらいの資金を貯めてから、なるべく固定費である人件費がかからないよう、一人で始めるのが現実的です。

商品をお金に換えることの難しさ

さて、ここまではスモールビジネスの話です。本業のかたわら副業で一人コツコツ小銭を稼ぐ、その範囲なら今は十分可能性のある時代です。大きく稼ぐことはできなくても、自分の好きな分野のビジネスであれば、やりがいもあるでしょう。

ところが、ここから事業を大きくしようとしたり、別な展開を図ろうとするところで道が分かれます。ビジネスを収益性という点で見ると、一人でやっているうちは限界があります。さらに大きくしたり利益を出したかったら、従業員を雇い、労働力を増やすことで生産量を上げるしかありません。

そこで、一人ビジネスとは本質的な違いが発生します。すなわち資本主義の論理が生まれるのです。

マルクスは資本の運動を「G-W-G'」という簡単な式で表現しています。Gとはドイツ語のGeld（ゲルト＝お金）で、WとはWare（ヴァーレ＝商品）。G（お金）を使ってW（商品）

をつくり、それを売ることでG'を生み出す。もちろんG'はGよりも大きい金額で、そのプラスアルファが利益であり、マルクスが言うところの「剰余価値」になります。

G＜G'

G'－G＝利益（剰余価値）

たとえば、100万円を使って屋台と麺と肉やキャベツ、ソースを買って焼きそばをつくったとしましょう。その売り上げが140万円になった。今度はこの140万円でさらに麺や野菜、肉を買ってさらにたくさん売る。するとさらに儲けが出る。あるいは、まったく違うビジネスに投資をしてさらに利益を拡大する。

最初の、GからWをつくり出すところに労働力が必要になります。ここに労働力をつぎ込めばたくさんの商品が生産でき、さらに大きな利益が生じる。資本というのは、このG-W-G'を半永久的に繰り返しながら自己増殖していくのだとマルクスは説きます。

マルクスはこの流れをシェークスピアの『真夏の夜の夢』のセリフを使って、文学的に説明しています。「商品（W）は貨幣（G）を愛する。しかし真《まこと》の愛が穏やかに進んだためしはない」と。つまり、貨幣は常に商品に交換することができる（G-W）。ところが商品を貨幣に換える（W-G）ことはなかなかできません。

たとえば、100円あればいつでもどこでも100円のガムを買うことができます。ところが、そのガムを売ろうとしても、同じように100円で売れる保証はどこにもありません（むしろ、売れないことのほうが多いでしょう）。だからこそ、マルクスは「商品が貨幣に変わるには命がけの飛躍が必要だ」とまで言い切っています。

労働力は単なる材料費の一部

ましてG'、つまり120円で売って利益を出そうとしたら、それこそ大変です。命がけの飛躍をするためには、運の要素が必要になります。多大な人間の力、すなわち労働力を投入した商品でも売れるという保証はありません。

みなさんも、日常の自分の仕事を考えればわかるでしょう。何か売れるものをつくるとなると、企画から商品開発、マーケティングや宣伝、広告、そして販売と、それはそれは莫大な労力が必要になります。もし売れたら莫大な利益を生む可能性もありますが、そこには計算だけでなく運の要素も絡んでいます。

この運こそが、マルクスが言うところの「命がけの飛躍」。真の愛を実らせるには、運が必要になるわけです。

利益を伸ばそうとするほど、つまりG'を大きくしようとするほど大きな労働力が必要になるし、そこに搾取という構図が生まれてくる。前にも触れましたが、資本家は商品の生産に必要な材料のひとつとして労働力を購入しているのだとマルクスは説いています。いわば、生産をするための「材料費」の一部です。

もしみなさんが商売をやるとしたら、材料費はできるだけ安く抑えようとするでしょう。そして利益がどれだけ上がろうが、その支払価格をアップすることはないはずです。生産に必要な金額をできるだけ安く抑えることで、利益を最大化しようとするわけです。

働く人の労働力を生産の手段や材料費ととらえることが資本主義の本質です。そこで搾取が生まれるのですが、ビジネスを大きくするということは、このような搾取の構造をつくり出して利益を最大化し、拡大再生産することに他なりません。

そのうえで、競争力を高めて他の企業に打ち勝ち、シェアを獲得しようとするわけです。食うか食われるかという、まさに弱肉強食の世界。これが資本主義でのビジネスの現実だということをまず認識しておきましょう。

修羅の世界に飛び込む覚悟があるか

スモールビジネスで毎月5万円、10万円稼げば十分だというなら楽しいものにもなり得ます。ところが、資本の論理にのっとって利益を出し、拡大再生産を行わなければならなくなると、前述したようにまったく別物になるのです。

経営者は搾取しているから楽なのかといえば、実際は他社との食うか食われるかの熾烈な戦いの毎日。また、組織が大きくなれば内部を統括するためのマネジメントも必要だし、資金繰りに奔走しなければならない場面もあるでしょう。経営者というのはけっして楽な稼業ではないのです。

そういう世界にあえて飛び込む必要がどれだけあるか。それで人間的な幸福感がどれくらい得られるか。私としては大いに疑問があります。お金をたくさん得ることはできても、同時に失うものも多いと考えるからです。

資本主義の本質を知る意味で、Ｖシネマの『闇金の帝王』が面白い。小沢仁志主演で、新宿の金貸し業の切った張ったの世界が舞台ですが、下手なビジネス書を読むよりリアルに金融資本主義の本質、マネービジネスの本質がわかります。

主人公の南無が歌舞伎町で闇金業を始めるが、ある小さな建設業者の乗っ取りに関して、主人公の金融会社とライバル会社の間で熾烈な駆け引きが行われる。手形のカラクリや会社の登記手続き、土地の所有権など、事業やビジネスをやるうえで必要な知識や悪知恵、落とし穴がリアルにわかります。

主人公は何度か自分たちの世界のことを「修羅の世界」と表現していますが、まさに資本主義の本質、ビジネスの本質には修羅があると言っていいでしょう。仏教でいう修羅道とは争いの世界であり、それに執着して逃れられない世界を指します。

企業間の競争で弱い者は追われ、ときに命まで落とす。これは特殊な出来事ではありません。資本主義の世の中でビジネスをする多くの人が、ちょっと足を踏み外したり、激しい競争の中に巻き込まれたりすると、すぐにでも起こり得ることです。ビジネスは命がけだということが実感できるのが、この作品の優れたところです。

映画で修羅場を仮想体験できる

私は混乱期のソビエト連邦とロシアの端境期を知っています。そこでのビジネスは常にマフィアと表裏一体で、それまで羽振りがよかったり、飛ぶ鳥を落とす勢いだった人物がある日突然いなくなる。行方不明になったり殺されたりするのです。また、昨日まで一緒にビジネスをしていた仲間が突然裏切って利権を横取りしたり、自分の過去の犯罪的行為の口封じをするために誰かを抹殺したりすることも日常茶飯事。私の周りでも、懇意にしていたロシアのビジネス・エリートが3人ほど非業の死を遂げています。

結局のところ、「こいつがいなくなれば、自分に億単位のお金が入る」という状況になると、人間は変わってしまうのです。嫌な話ですが、変わらない人間のほうが珍しいくらいかもしれません。平和な日本にいるとビジネスが持つ非情な面は見えにくいですが、映画など架空の世界を見ることでその本質に気づき、むしろバランスがとれるのです。

ビジネスというと一見まっとうな世界に聞こえますが、その裏には人間の欲望と野心、競争と潰し合いという修羅が広がっていることを忘れてはいけません。資本主義社会、ビジネス社会で事業を大きく成長させ金持ちになりたいなら、あえてその修羅場に挑むのもいいでしょう。ただし事前にリスクを認識し、覚悟をしておく必要があります。

しかし、すでに述べたように、一気に大金を稼ごうとするのではなく、あくまで自分一人でできる範囲の、小遣い稼ぎ程度のスモールビジネスであれば、同じビジネスでも修羅の世界に入らずにすみます。

私自身がもしビジネスをするなら、そんな小さな商売を選びます。

そう考えるのは、ロシアの不穏な政治環境で権力やマフィアの暗躍を見たこと、さらに日本の政治の中枢で国家権力、政治権力の暗闘に巻き込まれたことで、修羅の世界の恐ろしさを嫌というほど知っているからかもしれません。

リスクをどれだけとるべきか

お金を稼ぐと同時に、それをどう増やしていくかというのも大きな問題です。デフレ脱却を目指してはいますが、預金金利は相変わらずの超低迷。ならばと投資の話が出てきますが、日本人はけっして投資上手とは言えません。

日本人にとって、お金は投資で増やすものではなく、日々の労働で稼いでそれをコツコツ貯蓄して増やしていくものだという意識が今だにあります。リスクをとってまで増やそうとはしないわけです。その感覚自体は健全だと思います。

2008年、サブプライムローン問題やリーマンショックで世界経済が大混乱になったとき、イスラエルの友人が「日本人の優秀さがあらためてわかったよ」と話してくれたことがありました。日本の機関投資家たちは、サブプライムローンを証券化した商品をほとんど購入していなかったのです。そのため諸外国に比べてそれほど大きなダメージを受けずにすんだのですが、その背景には米国発のなりふりかまわない新型金融商品に対して、

「なんだかあやしい」と感じる、日本人の繊細で鋭い意識があったというのです。

「いや、それは単に乗り遅れただけだろう」と彼に言ったのですが、「違う。サトウは日本人だからわからないかもしれないが、これは日本人にしかない慧眼なんだ」と。

そう言われてみれば、お金に対する昔からの意識、そしてバブル崩壊の経験などから、私たち日本人はどこか投資や投機の本質を見切っている節があります。だからこそ投資に対していまひとつ大胆になれず、リスクをとれないわけですが……。

大手都市銀行の定期預金の金利は1年もので0・025％。また、このところのアベノミクスの影響で日経平均株価はたしかに上がっていることを考えると、これからはある程度の投資行動が必要になります。しかし、「再び株式投資の時代がやってきた」「今、この波に乗らないと損をする」というような扇動に乗る前に、投資に対して学んでおくべきことや心得があります。

個人投資家は圧倒的に不利

まず、個人投資家は圧倒的に不利な立場で勝負に臨んでいるということを知っておきましょう。個人投資家が投資の場で戦うのは機関投資家などのプロたち。たとえばボクシングの世界でプロとアマチュアが戦うことはありませんが、投資の世界にそうした区別はありません。プロの競輪選手と素人が自転車でレースして勝てるか？　それと同じことが投資の世界では普通に行われているのです。

まず違うのは資金量。ヘッジファンドなどは顧客から預かった巨大な資金で相場を意図的に上げ下げし、個人投資家たちが乗ったところで一気に決済して利ザヤをとります。

さらに、情報量がまったく違います。機関投資家とは銀行や生損保会社、ヘッジファンドなどが主体ですが、企業やお金の動きに関する最新情報はまずこの人たちに入ります。蚊帳の外の個人投資家は決定的に不利です。

彼らは世界中の市場を同時にモニターし、変化が起きた瞬間に最適な投資行動を自動でとれるようにプログラムを組んでいます。たとえば、米国雇用統計が発表され、個人がすぐ売買をしようとパソコンを開いても、すでに相場は大きく動いている……。

スイスフラン・ショックのときなどは典型的だったのではないでしょうか。２０１５年

1月15日、スイス政府が1ユーロ＝1・20スイスフランの上限撤廃を発表したところ、あっという間に前日比で30％以上も高騰しました。

このため個人投資家は一気に元手を失うどころか、何千万円もの借金を背負ってしまう人もいたようです。ＦＸはゼロサムゲームですから、その背後にはおそらく大きく儲けた機関投資家がいるはずです。

よく、投資は誰もが参加できる平等な世界で、誰でも成果を上げられると主張する人がいます。しかし、実は誰もが参加できるからこそ危ない。まったく実力も体力も異なる相手と戦わなければならない点で、私はむしろ非対称で不平等な世界だと考えています。

投資をやるなら、まずそうした認識を持って入ったほうがいいでしょう。そうでないと、いきなり大きな資金を投じて一気に失ってしまうことにもなりかねません。

自分を律する力が必要

投資というのは市場における戦いというだけでなく、自分との戦いでもあります。パチンコをやったことがある人はよくわかると思いますが、やめどきが難しい。株でもFXでも、決済のタイミングを誤って損失を出してしまうことが多いのです。

勝っているときは、「もっと利益が出るのではないか」「今決済したらあとで後悔するのではないか」という感情を抑えることができず、売る決断ができない。負けているときは、「今決済したら損が確定する」「売ったとたんに上がったらどうしよう」などと考えてなかなか踏み切れない。自分をコントロールすることが一番難しく、相手ではなく自分の欲に負けてしまうのです。

怖いのは、損失を一気にとり返そうとさらに投資すること。焦りの気持ちがあるために冷静な判断力を失っており、そのためますます負けて赤字が膨らみます。

機関投資家というプロと、自分という制御しがたい存在――。投資とは、このような難敵を相手にしなければならないことを知っておきましょう。

それでも投資で運用するという場合、守るべきことがふたつあります。ひとつは投資をするお金は手取り給料から家賃や光熱費、食費などの生活費を引いた「可処分所得」の半分の金額に抑えること。可処分所得が10万円なら月に5万円しか投資に使わない。可処分所得が5万円なら2万5000円。きっぱりと決めておくのです。さらにそのお金は別会計にしておき、生活費などとは別にしておきましょう。

自分なりのルールをつくることで、熱くなってついお金をつぎ込んでしまう危険を避けるのです。投資において一番いけないのは素人が借金をして投資すること。自己破産への道をまっしぐらなので、これだけは避けましょう。あるいは、会社のお金に手をつけたりしたら、これはもう犯罪であり、とり返しがつかないことになります。

私が投資をするなら、短期的に結果を出そうとはせず長期投資をします。株の場合、将来性があると思う銘柄を買って塩漬けにしておく。株価に一喜一憂するのではなく、配当を確保し株主優待も楽しむくらいの感覚です。その点で、航空会社の株主優待は航空券が半額になるので、飛行機によく乗る人ならメリットがあります。

目先の利益を追う短期投資をしていると、どうしても常に株価が気になってしまいます。すると仕事中もパソコンやスマホで株価をチェックしたりして、本業に差しさわりが出てしまうのです。仕事に身が入っていないことは上司もすぐに気がつくので、「最近、あいつはどうも動きがおかしい。副業でもやっているんじゃないか」と陰で噂になり、それが人事に影響を与える可能性もあります。

マネー防衛には実物資産も

長期投資やリスク分散という点では、世界中の優良企業に分散して投資する「世界株ファンド」など面白いかもしれません。局地的に浮き沈みがあっても、世界経済全体の基調は右肩上がり。その大きな流れに投資をしているので、どこかの国や地域に問題が起こって株価が下落しても、全体で見れば他の地域の上昇で相殺されるのです。こういう商品で長期運用するという手はあるでしょう。

FXはおすすめしません。誰かが得をすれば誰かが損をするゼロサムゲームであり、ほとんどギャンブルの世界だからです。

あとは金《きん》投資です。おそらく米国の政策もあり、金価格は低く抑えられている状況です。ドル紙幣の発行量に比べて価格の上昇率が低いので、これから世の中が不安定になればさらに上がる可能性があります。

価値が絶対になくならないのが金投資の特徴。500グラム未満の場合は売買手数料が非常に大きいので、投資するなら500グラム以上から始めましょう。金は500グラム以上になると全部登録制なので、しっかり税金はとられます。

2015年8月時点で1グラム4800円近辺ですから、500グラムだと約240万円くらい。頑張って250万円貯めたら金を500グラム買って家のどこかにしまっておき、何かあればそれを持ち出すようにするのです。

ただし、海外で金相場は下落していますが、日本での購入価格は円安のため下がっていません。価格変動リスクと共に、為替リスクがあることも理解しておきましょう。

また、金には利息がつかないので投資には向かないという意見もあります。しかし、本書はマネー防衛に主眼を置いているので、その意味でも有事に強い金はおすすめなのです。

投資とは少し離れますが、意外にも富裕層が使っているのがトラベラーズチェック。札は100ドル札までしかありませんが、トラベラーズチェックは1000ドル単位もある。かさ張らないので、富裕層にはあえて持つ人がいます。

余裕資金があれば意外な投資先も

もしある程度の余裕資金があるなら、あまり期待をしないで意外なものに投資するのも面白いかもしれません。これはあくまで私見ですが、たとえば北海道の誰も住んでいないような安い土地を買うのです。これから開発が行われるという虚偽の説明をして二束三文の土地を売るのが原野商法ですが、それとは異なります。

まず、これから地球温暖化がさらに進むかもしれません。毎年夏の最高気温が更新されたり猛暑日の日数が更新されています。日本の気候が変動しているのです。

たとえば山形のサクランボなどは、気温が上がってしまうとなかなか上手く育たなくなる。その一方で、北海道がサクランボに適した土地になる。ワイナリーなども北海道にたくさんできるようになってきています。

つまり、気候変動で作物の耕作適地が北上し、北海道の荒れ地が耕地に変わる可能性もあるのです。そこで、たとえば300万円の余裕資金があったら250万円分の土地を購入し、残りの50万円は今後の固定資産税の支払いにあてる。森林組合と契約すれば、間伐材の代金で固定資産税をまかなえるかもしれません。温暖化ということれまでとは異なる状況から、このような投資も考えられるのです。

購入する土地は原野ではなく、もはや二束三文で売られている耕作放棄地が面白いかもしれません。里山資本主義という言葉が流行りましたが、自分で耕作して都会型の生活とは別のスローライフをそこで実践するということも考えられます。

また、土地の値段が上がる可能性もあります。というのも、これからの農業は資本主義化、大規模化します。すると耕作地はまとまっていて広大であるほど効率化できるので、今は二束三文でも価格上昇が期待できるわけです。特に先ほどの温暖化と併せて考えると、今までの常識とは違った需要が生まれてくる可能性があります。

里山の土地という点では土地だけでなく、水が将来的に不足する可能性もあります。あるいは、おいしい水を求めて意外な場所が人気になるかもしれません。日本の水の多くは軟水でミネラル分が少ないですが、沖縄県久米島町の阿嘉というところでとれる「阿嘉の水」は、ミネラルゼロで超軟水であるため、赤ちゃんのミルクに適していると人気になっています。また、私が気に入っているのはアラブ首長国連邦の「マサフィー」という水。コーヒーや紅茶を入れるとおいしいのです。このような水源のある土地を安く手に入れる、水をビジネスにするというのは将来的にあり得る投資です。

ここで紹介した土地や水への投資というのは、あくまで考え方の例として挙げたもので、現実的な投資先になるかどうかはわかりません。ただ完全な余裕資金があるなら、こうした時代の先を読んだ投資を考えるのも頭の訓練として悪くないでしょう。

個人投資家が負けない3つのポイント

究極の投資先は何かといえば、絵画かもしれません。現在世界最高額と言われているのがゴーギャンの作品で355億円。たった1枚の小さな絵がこれだけの金額になるのです。

それはいかに世の中にお金持ちがいて、お金が余っているかを象徴しているかのようです。なぜ世界の超富裕層が絵画に投資をするかといえば、文化的なステータスを得られることの他に、絵画は持ち運びに便利だからでもあります。350億円分のお札や金塊はものすごい量、重さですが、それが片手で持ち運べるようになるわけです。

クレディ・スイスが2014年に発表した世界の富裕層数ランキングによると、純金融資産100万ドル以上の富裕層は米国が約1420万人と断トツ。次いで日本が約270万人で続き、3位フランス（244万人）、4位イギリス（204万人）となっています。

また、イギリスの不動産コンサルタント会社であるナイト・フランクが発表したレポート（2015年）では、超富裕層を「純資産3000万ドル以上所有する者」と定義していますが、1位の米国が約4万人に対して、日本は約1万6000人で2位です。

これだけ見ると、日本はまだまだお金持ちなのかと思ってしまいそうですが、前に触れたように平均年収は約400万円。実際は、それだけ格差が広がっているということでしょう。そう考えると、富裕層は投資で増やすことができる一方、それ以外の人たちは投資どころか生活を維持するので精いっぱい、というのが実態ではないでしょうか。

そもそも、投資というのはスケールメリットがとても大きいものです。たとえば、私たちが1株20万円の銘柄を5株持っている場合、株価が10％上がれば10万円の利益ですが、100株持っていれば2000万円の利益になります。もちろん下落したときの損失もそれだけ大きいわけですが、長期で見た世界の株式市場が上昇基調であることを考えると、やはりお金のあるところにお金が集まるというのは現実なのです。また、超富裕層は専任のファンドマネージャーを雇って運用を任せることもしています。

「これからの時代は投資で資産運用しなければならない」「今の低金利では銀行に預けているだけではインフレで目減りする」などと、まことしやかに投資を促す声が聞こえてきます。しかし、個人投資家はくれぐれも不利な条件で戦うことを理解していなければなりません。そのうえで投資をやる場合は、これまで説明してきた「あくまでも余裕資金でやる」「可処分所得の半分以内に抑える」「短期投資で一気に利益を狙わない」というポイントをぜひ押さえてください。

そもそも今の日本の状況から見て、年収400万円、300万円でも全然少ないことはありません。そう考えれば、投資で無理をして一発逆転を狙う必要などないはずです。多くの人が長期的な視野で堅実な投資スタイルを貫いていれば、「日本人は実は投資上手な国民だ」というイスラエルの友人の評価が現実のものになるでしょう。

「お金と投資」を考えるための本

『超入門 資本論』

木暮太一／ダイヤモンド社

資本主義の本質やビジネスの厳しさを知るうえで、資本論が参考になる。難解な資本論をエッセンスに集約し、そのポイントをわかりやすく解説する

『闇金の帝王』〈ＤＶＤ〉

小沢仁志・出演／ＧＰミュージアムソフト

新宿歌舞伎町で闇金業を始める主人公とライバル会社の熾烈な勢力争いのなか、ビジネス社会の厳しさと恐ろしさがリアルに体験できる

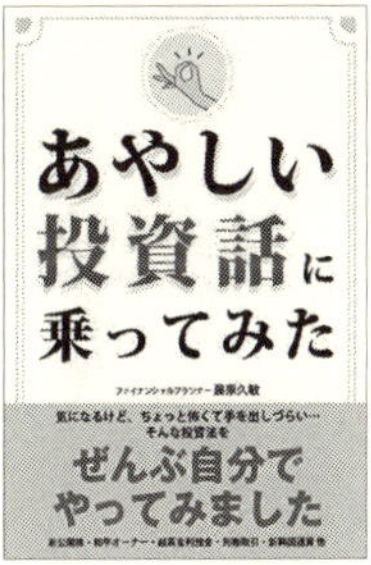

『あやしい投資話に乗ってみた』

藤原久敏／彩図社

アベノミクスで再び投資熱が活発になってきたが、あやしい投資話もたくさん。その実態とは。著者が投資話に乗って体験した渾身のレポート

『希望の資本論―私たちは資本主義の限界にどう向き合うか』

池上彰×佐藤優／朝日新聞出版

『資本論』を社会変革の書ではなく資本主義を客観的に分析する書として読み解く。池上氏との対談でさまざまに論じる

第4章

人生を台なしにしないお金の実学

ギャンブルに対しては〝免疫〟が必要

お金を増やしたくても、毎月入ってくる額がほぼ一定のサラリーパーソンには限界があります。副業もすべての人が成功するわけではありません。投資に関していえば、一般投資家の場合は元金を10％増やせれば成功と言えるでしょう。

株式でもＦＸでも、本当に稼いでいるのはひと握りのプロだけ。一般投資家の中にも大きく成功した人がいると雑誌などでとり上げられますが、その裏では大勢の人たちが大なり小なり損をしています。つまり、珍しいからこそメディアにとり上げられるのであって、それを一般化するのは非常に危険だということです。

サラリーパーソンであれば、入るほうを増やすよりは出るほうを制したほうがはるかにお金が貯まる確率は高くなります。そのためには、自分はどれくらいお金を稼いでいるのかをきちんと把握し、その範囲内でどんなことにお金をどれくらい使うかという優先順位を明確にしておくことが大切です。この章ではお金の使い方の実践と、私の日常のお金の習慣について触れていきます。

どんなにたくさん稼いでも、使い方がルーズで無駄が多くては元も子もありません。それどころか、おかしなお金の使い方をするとその人の人生が狂ってしまったり、周囲を巻き込んで不幸にしたりします。

まず避けるべきはギャンブルです。節度を持って遊べているうちならいいのですが、なかなかそれができません。実は、外交官にはギャンブルにのめり込んで潰れていった人たちが結構いました。ある国では、カジノに外交官など上物の客（カモになる可能性の高い人）が訪れると、最初に3000ドル、日本円で30万円くらいのチップを渡すことがあります。そのままお金に換えることはできませんが、それを元手に増やした分は現金で受け取れるのです。

相手はプロですから、最初は勝たせてくれます。もしかしたら自分はギャンブルの才能があるのではないかと思い込み、そこではまってしまうのです。そして、負けてくるとそれをとり返そうとさらに大きなお金を張ってしまうようになります。

学生時代に競馬やパチンコなどをやったことがあって、ギャンブルは結局儲からないという体験や免疫が多少でもあれば、のめり込むことはないかもしれません。ところが、純粋培養で育ってきたエリートたちです。いきなり外国でカジノなどに行くと舞い上がってしまい、ギャンブルの怖さを知らぬままに、あれよあれよと借金を重ねてしまうのです。

実際に、1億円以上の借金を背負った外交官もいました。

依存体質はなかなか治らない

怖いのは依存症です。スロットでもパチンコでも、なかなか来なかった当たりが一気に出ると脳内麻薬が分泌され、その快感が忘れられなくなってしまう。ギャンブルのマシンやシステムをつくる際、お店やメーカー側はそうした人間の脳の仕組みや心理など人間工学を徹底的に研究しています。そのため、一度でも大当たりの快感を経験してしまうと高確率ではまり、依存症になってしまいます。

依存体質になると、たとえギャンブルをやめたとしても、対象を変えて何かに依存してしまうようになります。アルコールだったり、セックスだったり、薬物だったり……。いずれにせよ、行きつくところは借金です。

今は総量規制があるので、どの消費者金融も年収の半分以上は貸してくれません。そこで闇金に手を出してしまうと完全にアウトで、一気に奈落の底へ落ちていきます。

私の父親は銀行に勤めていました。技術系でしたが、お金に対してはかなりストイックでシビア。仕事がら、金融機関の人間は破綻して借金に追われる人をたくさん見ているため、私の妹が結婚する場合などは、相手の男性がギャンブルをやらないかどうかをまずチェックしていました。

お金の使い方の話でいきなりギャンブルをとり上げたのは、それだけ大きな危険があるから。そこから借金をしてしまうと、なかなか元に戻れない恐ろしい構図があることを知ってほしいのです。

資本主義の恐ろしさを疑似体験する

資本主義の恐ろしさや不条理は、弱い者は徹底的にむしり取られるという構図に表れます。このことを知るには、下手な経済学の本を読むより、『闇金ウシジマくん』をおすすめします。ずっとリアルなお金と人間の関係、本質がわかります。

トイチ（10日で1割）どころか、トゴ（10日で5割）の高金利でお金を貸す闇金カウカウファイナンスの経営者丑嶋馨。そこにお金を借りに来るさまざまな人物の人間模様と、社会の闇を描いた作品です。

タイトルの軽さとは違って、借金で首が回らず自殺したり、殺人を犯したり、薬物でボロボロになってしまったり……。凄惨なエピソードが次々に展開していきます。今の世の中、借金という弱みを握られてしまうと、とことんしゃぶり尽くされるシステムが裏でできていることがわかるでしょう。

『闇金ウシジマくん』はマンガが原作で、テレビドラマ、映画にもなっています。なかでも印象的なのが、小堀と板橋の二人の友人関係が絡む「サラリーマンくん」編。実直で真面目な妻子持ちのサラリーマンである小堀と、独身で享楽的な板橋。いずれも仕事でパッとせず、上司から怒鳴られ同僚や部下からもバカにされる毎日。二人で飲んでは愚痴を言い合うのですが、板橋のほうが闇金に手を出して借金がかさんでいきます。

板橋は小堀に2万円、3万円と借金をしたあげく、小堀に絶交を言い渡されます。逆恨みした板橋はさらなる借金のために小堀のいない間に印鑑を盗み出し、なんと小堀名義で借金をつくってしまうのです。

友人を売った形の板橋ですが、闇金業者の指示でさらに小堀を取り込み詐欺に引き込もうと画策、小堀を呼び出します。ところが現れた小堀は怒るどころか板橋の身の上を心配する優しさを見せる。そんな小堀の姿に自らの行動を悔いた板橋は、相談を切り出さず、自らロシア・マフィアの漁船に乗り込むことを決意します。

会社のストレスや不満から逃れたい、ハメを外したいというちょっとした心の隙——。そこからとんでもない借金を背負い、やがて自分の人生だけではなく、友人の家庭や人生までも狂わせてしまうのです。

ストレスだらけの今のビジネス社会に生きる誰もが、少し足を踏み外したら堕ちてしまいそうな地獄が描かれています。誰もが板橋になる可能性もあれば、小堀になってしまう可能性もあるのです。

最後に板橋が小堀に詐欺の話を持ちかけなかったことで見ているほうは救われますが、

あのような状況に陥る前に板橋がもう少しお金の恐ろしさ、闇の世界の怖さを知っていたら、そもそも悲劇は起きなかったはずです。

食うか食われるかという厳しい弱肉強食の現代資本主義の社会で、いかに自分を守るか。恐ろしい世界に踏み込まず上手に世の中を渡っていくか。そのためのマネー防衛学、マネー衛生学を多くの人が身につけるべきです。

小堀が最後に言った「サラリーマンはコツコツ働いて、それで生きていければ幸せなんだ」という言葉が印象的です。大きな成果を目指して、リスクを覚悟で大勝負に出ることも生き方かもしれません。ただし、それによって踏み込む世界は、お金こそすべての我利《がり》我利亡者《がりもうじゃ》の世界、食うか食われるかの阿修羅《あしゅら》の世界かもしれないのです。

世の中は依存症だらけ

人から徹底的にむしり取る一番簡単な方法は、相手を何かの依存症にしてしまうこと。覚せい剤や麻薬が闇の資金源になるのもそうした理由です。一般の人が陥りやすい落とし穴の典型がギャンブルであり、風俗なのです。

たとえば、キャバクラにはまって何百万円もつぎ込んでしまう人がいます。相手はその道のプロなので、内心では相手をどんなに嫌っていても、お金になるうちはそんなことを露ほども匂わせません。

疑似恋愛がどこかで本気の恋愛とすり替わり、つい男性は本気になってしまいます。「彼女はオレのことを好きになってくれている」と思い込まされ、通い続けるわけです。

そのうち店外で疑似デートして洋服を買ってあげたりしますが、女性のほうは完全に割り切っているのに、男性はますます彼氏気分になってしまう。

それが人生の活力になっているのなら問題ないでしょうが、純粋な人ほど思い詰めてしまいます。毎日会わないと不安になるというのも一種の依存症です。

週1回通うだけでも、少なく見積もって毎月10万円くらいは必要。やがてお金が尽き、そこでやめられればまだ救いがあるのですが、ついつい借金をしてしまう。そこから地獄が始まるのです。

また、最近問題なのはスマホやゲームです。若い人はツイッターやLINEをいつもチェックしていないと落ち着かず、わずかな空き時間にもスマホでゲームを始めます。電車の中でスマホをいじっている人の大半がゲームをしている。これも一種の依存症です。

こうして広げていくと、現代社会には少なからず依存症を引き起こす要素があることがわかります。油断すると、いつの間にかその仕掛けの中で踊らされ、何らかの依存症にさせられてしまう。お金を使うということは、そうした危険をはらんでいるのです。

リラックスするのにお金はいらない

ただし、ギャンブルもキャバクラもスマホのゲームも、やること自体が悪いわけではありません。やはり人間はどこかでストレスを解消したいし、リラックスしたい。ときにはハメを外したとしても、それが次の活力になるのであればいいのです。

つまり、自分の行動にしっかり理由づけできていることが大切です。流されるまま、赴くままにのめり込むのがよくないのです。行動に理由づけができていて、客観的に自分の行動を見る余裕があるなら、そういうリラックスの方法もありでしょう。

その場合の条件は、あらかじめ毎月使う金額を決めておくこと。ギャンブルであれば可処分所得の4分の1までとか、キャバクラなら毎月3万円とか。自分で設定した限度額を超えてしまうことが続くようなら、依存症気味だと考えていいでしょう。その場合は、迷わずカウンセリングなどを受けて専門家に相談することをおすすめします。

自分は病気だと認識し、専門家の客観的な意見を聞いたほうが、はるかに改善する可能性が高くなります。ズルズルと依存症に引きずられて借金をし、とり返しがつかなくなってからでは遅いのです。

一番いいのは、お金のかからないリラックス、リフレッシュの方法を見つけること。イギリス人やドイツ人はその点がとても上手で、彼らがよくやるのはガーデニングです。ガーデニングは鉢植えをいくつか買うだけで始められ、それほどお金がかかりません。水をやったり、本で草花の勉強をしたりするとだんだん楽しくなってきます。世話をするのに結構時間がかかるので、花が咲いたときにはそれなりの喜びがあります。

こうしたものでリラックス、リフレッシュできるよう、自分自身を意図的にマネジメントしていくことも大切です。そうした趣味で仲間ができれば、精神衛生的にも有益なネットワークになり得ます。

健康には惜しみなく投資する

お金の使い方で一番のポイントは、このような依存症による出費を抑えること。それを大前提としたうえで、ではどんなことにお金を使うべきか。

まず、自己投資には惜しみなく使ってください。問題は何を自己投資とするかですが、勉強してスキルを身につけること以外にも、私が強調したいのは健康への投資です。

まず自分の体の状態をよく知ること。会社の健康診断を受けている方も多いでしょうが、受けないよりはましというレベルで、それだけでは不十分です。特に40歳をすぎたら、独自に検査を受けたほうがいいでしょう。

会社の健康診断は必要最低限のことしか調べません。社員を労働力としてどれだけ使い続けられるか、耐えられるかを調べているわけです。

医者のほうも積極的に異変を見つけるというより、基準をクリアしているかどうかチェックするという定量的な診断になりがち。わずかな異変や病変を見つけ出そうと努力をしてもらうには、それを目的にした人間ドックで検査してもらうべきです。

自分でお金を払うということが大事なのです。会社の健康診断は会社側が費用を負担します。一方、自分で高いお金を払って検査を受けに来る相手に対して、医者はより真剣に悪い部分を探してくれるはずです。

たとえ今すぐ治療の必要がないという結果が出ても、自分の体の弱点はどこかをあらかじめ把握しておくことができます。30代後半から40代前半までは2年に1回、40代半ばからは1年に1回、会社の健康診断とは別に、自費で同じ病院で同じ健康診断を受け続けていれば、時系列で自分の体が把握できるでしょう。

早期に何かが発見されれば早い段階で治療が可能ですし、40代、50代になってガタがきそうなところはどこかを知っておく。それに気をつけて生活し大事を未然に防げれば、医療費の節約につながります。

ただし、医療は健康保険のきく「保険診療」と、それが使えない「自由診療」のふたつに分かれますが、人間ドックは治療を目的としていないため、保険がきかない「自由診療」。

しっかりやれば最低でも10万円くらいかかってしまうのです。

ただ、会社の加入している健康保険組合や自分の住んでいる自治体が人間ドックに助成金を出していることも多いはずです。助成金の額は健康保険組合や自治体によって違いがあるので、一度確認してみてください。

VIPとされる政治家や要人、会社の経営陣の多くは、それこそ毎年2回くらい、徹底的に健康チェックをしています。会社で出世している人や役員以上になっている人を調べると、まず高確率で30代の終わりくらいから、そういう独自の診断を受けています。

健康に投資すると、病気を防げるだけでなく、生活自体が規則正しく、節度のあるものになります。毎晩決まったメンツで深酒をするようなこともなくなりますし、タバコなど健康によくないものを自然に遠ざけるようになるでしょう。

そうやって自分を律し生活全体をマネジメントできる人だからこそ、出世するのだとも言えそうです。健康が維持できていて体力もある。すると仕事にも好影響を与えるし、上司からもしっかりした人間だと認識され、出世が近くなる。そんな正のスパイラルができ上がっているのでしょう。

人を味方につけるお金の使い方

健康への投資以外に有効なお金の使い方は、人間関係に使うこと。分相応であれば、後輩におごるというのも生きたお金の使い方です。

特に会社に入ったばかりの新人などは、駆け出しのころおごってくれた先輩のことはよく覚えています。「そういえば、あのときあの人がおごってくれたな」と。右も左もわからないころだけに、こうしたことは一生覚えているし、印象は格段によくなります。

そうやって目に見えない味方を増やしていくというのは、生きたお金の使い方です。その若手がいつか先輩になったとき、後輩の面倒を見るようになります。すると組織全体が強くなるのです。

部長や役員、人事部などはこういうことをよくチェックしています。新入社員を分相応の店に飲みに連れて行き、面倒を見ているという情報は会社では結構な速さで伝わり、結局それが自分の評価につながります。そうでなくても後輩たちの記憶と印象に強く残るということは、今後その会社で仕事をするうえでいい影響を与えるはずです。

人のためにはほとんどお金を使おうとしない人もいます。「あの人せこいね」という風評が立ってしまったら、その人が上司として何を言おうと、どんな行動をとろうと説得力がなくなるものです。

お金の使い方という点では、私が外交官だった当時の話も参考になるでしょう。外交官として情報提供者とつき合うとき、実は最初から予算が決まっています。たとえばこの人なら120万円まで、この人なら200万円までというように。

ある情報源に年間240万円支払うと決めたとします。そこで一番下手なお金の渡し方は、毎月20万円を定額で支払うこと。毎月お金が入ってくるとわかると、ほとんどの提供者はやがて手を抜きます。情報の質にかかわらず、必ずお金が手に入るのですから。

持ってきた情報の内容や質に応じて報酬金額を変える方法もあります。いい情報には高い報酬を与えればモチベーションも下がらないだろうと考えがちですが、実はそうとも限りません。高い報酬を望む情報提供者は、相手が喜びそうな情報ばかりを選択したり、場合によっては嘘の情報を流したり、ねつ造したりする場合が少なくないのです。インテリジェンスの世界において、間違った情報をつかまされることは致命傷になり得ます。

一番いい報酬の支払い方は、情報を持ってきたその場ではお金を払わないこと。そして、冠婚葬祭や家族の病気などでその人がお金が入り用になったとき、「これを使ってくれ」と、ある程度まとまったお金を渡します。あくまで仕事とは直接リンクしない形で渡すのがポイントです。

相手は驚くと同時に感激し、こちらを信頼するようになります。一度信頼関係ができると、裏切ることはなかなかできません。それどころか、「この人のためにひと肌脱ぎたい」と一生懸命協力してくれるようになります。

生きたお金というのは人間関係、信頼関係を強くします。いざというとき力になってくれる人をどれだけつくれるか。そこが分かれ目なのです。

むやみに貯蓄好きな人は危ない

結婚するなら、金遣いの荒い相手ではなくしっかり者がいいというのはたしかです。その一方で、毎日節約して貯蓄が趣味、通帳の残高を毎日眺めているというような相手も、一生のパートナーとしては立ち止まって考える必要があります。

貯蓄というのは、将来の欲望の充足を極大化してとらえるという点でとても貪欲な行為です。一見堅実で地味でも、内心にはお金至上主義の極端な価値観を秘めている人が多い。極端に言えば、お金こそすべてだという感覚の持ち主なのです。

日常生活でもパートナーに異常な節約を押しつけたり、電気を少しでもつけっぱなしにすると怒り出したりして、家全体がギスギスする……。

それどころか、結婚の目的も結局はお金で、パートナーを外で稼いで家に金を振り込むマシンとしてしか見ていないケースもあります。ある銀行マンが会社を辞めて独立したいと奥さんに相談したところ、「銀行マンであるあなたに惚れたのに、そうじゃなかったら別れる」と泣かれ、断念したそうです。奥さんが愛していたのは自分ではなく、自分が稼いでくるお金だった……。なんだか切ない気持ちになります。

さらにお金至上主義が行きつくと、保険金殺人など犯罪にまで至ることもあるでしょう。

もちろん、貯蓄がすべて悪いと言っているわけではありません。家を買う、教育資金を貯めるなどの人生設計があり、それを実現するためというように目的が明確であれば、貯蓄に問題はないどころか、計画的な人生において不可欠なものです。

ただやみくもに貯蓄するのが好きで、通帳の残高を見るのが趣味だというような人は、お金に対する欲望が極端に肥大化している場合があります。男性、女性にかかわらず、つき合うときは注意しましょう。

住居費が最大の考えどころ

お金の使い方は、「投資」「消費」「浪費」の3つに分けられると言います。賢いお金の使い方はできるだけ投資を増やし、浪費を減らすこと。ただし、消費と浪費の違いは収入によって、もっと言えば可処分所得によって変わってきます。

たとえば、同じ給料の人でも実家から通っていて家賃がかからない人と、都内などで部屋を借りて住居費を毎月払っている人では、可処分所得がまったく違います。手取りが同じ25万円だとして、実家住まいのAさんは食費として家に5万円入れて可処分所得が20万円だとしたら、月に1回ぜいたくをして二人で3万円の食事をしても、それは浪費には入りません。パートナーとの関係をよくするという意味では投資にもなり得ます。

一方のBさんは毎月の家賃が13万円のマンションに住んでいて、可処分所得は12万円。すると、同じ3万円の食事はもはや浪費の域に入ります。

重要なのは、常に自分の可処分所得がどれくらいかを把握して、その中で上手にやりくりする習慣をつけること。一概にどんな生活がいいとか、どんなお金の使い方がいいとは言えません。可処分所得を考慮した相対的なものなのです。

その点で、特に私が感じているのが最近の住居費の高さです。給料から税金や社会保障費を引いた手取りのうち、どれくらいの金額を住居費にあてているでしょうか。

私は最大で4割だと考えています。5割になるとかなり危険で、病気や失業など、何かあったとき生活全般が崩れる可能性があります。6割になるとまず続きません。手取りが20万円なら住居費は8万円が上限。それ以上のところは選択しないようにするのです。

今は、東京の山手線内でも古い物件であれば安いものが見つかります。あるいは友人3人で5万円ずつ出して15万円の物件をシェアする形態も増えているそうです。

シェアを前提としてつくられた「シェアハウス」もありますが、私はあまりおすすめしません。既存の物件を仕切っただけでプライベートも制限され、トラブルが頻繁に起きるようです。学生時代ならまだしも会社員にはちょっと厳しい。そもそも、その割には家賃4万円、5万円とけっして安くはありません。ならば、友人と普通のマンションをシェアしたほうがずっといいです。

特に東京などの都心部では、住居費にお金をかけすぎて結局借金してしまう人が多いようです。20代のうちは古い住宅でも楽しめるよう工夫して、その分生活に余裕を持ったほうがいいのではないでしょうか。

一度借金をしてしまうと結局それが膨らんでしまい、最悪『闇金ウシジマくん』のような地獄に堕ちてしまうことも考えられます。それだけは絶対に避けなければなりません。

下手な借金は一生を棒に振る

それ以外で無駄なお金だと思うのは借金の利息です。2006年の「改正貸金業法」で上限金利は10万円未満が20％、10万円以上100万円未満が18％、それ以上は15％と一律化されました。

たとえば今、100万円を3年返済、15％の利息で借りたとしましょう。すると毎月の返済額は3万4600円（初回のみ3万7000円）で、3年間で支払う総額は124万8000円になります（元利均等返済）。

この超低金利時代に、元金の約4分の1に当たる24万8000円もの利息をとられることになるのです。3年間も給料から3万円以上引かれ続けるのですから、厳しいものがあります。借金して一息ついたと思えるのもそのときだけで、その後は高い利息を返すために時間も労力も、精神力も消耗していく。自分の将来を食いつぶすのと同じことです。

ちなみに元利均等返済とは、あらかじめ返済回数、元金と利息の合計額が決まっている方式のことです。この方式だと当初の返済は利息分の割合が大きく、元金がなかなか減りません。

さらにたちが悪いのがリボルビング返済方式です。これは毎月の返済額が決まっているのですが、どんなに借りても返済額は一定に固定されたまま。一見負担が増えないのでよさそうですが、当然返済期間はグンと延びてしまいます。

返済額が毎月3万円で固定されているとすると、50万円、100万円、200万円と借金が増えていったとき、毎月の返済に占める利息額がどんどん膨らんでいきます。そのうち返済はほとんど利息分にしかならず、元金はいつまでたっても残ったまま、つまり永遠に借金が減らないという状態になってしまうのです。

20年、30年どころか、一生払い続けてもほとんど元本が減らないことがあり得るわけです。いくら借金が増えても毎月の返済額は増えないという一見魅力的な方式ですが、それだけに大きな落とし穴がぽっかりと空いている――。リボルビング払いは、恐ろしい返済方式だと認識しておいてください。

若いうちにこのような借金の罠、返済方式の罠にからめとられてしまうと、多重債務に落ちてしまいかねません。そこまではいかなくても、人生の貴重な時間や労力、可能性をそんなつまらないものに吸い取られてしまうのは、自分自身だけでなく社会全体にとっても大きな損失です。

財布にいくらお金を入れておくか

外務省に勤務していたころ、1年の交際費、工作費は約3000万円。引き出しにはその10%の300万円を常時入れていました。要人との会食などの際、持ち出すお金はその2割から1割くらいだったでしょうか。この習慣は外務省を離れた今も続いており、一定額の現金を財布に入れておくようにしています。

ビジネスパーソンなら、突然若手を連れて飲みに行くことになり、キャッシュで払っても家までタクシーで帰れるくらいのお金は常に財布に入れておきたい。

ちなみに、外交機密文書を持ち歩くときに先輩から言われたのは、必ずカバンにお金も入れて持ち歩けということ。私の場合、モスクワで勤務していたときは秘密書類と一緒に5000ドルの現金を入れておきました。

頭では重要書類が入っているとわかっていても、酒が入ったりすると、その感覚がつい鈍くなりがち。ところがお金は違います。お金は人間に強い印象を与えるものなので、カバンに50万円、100万円が入っているとなれば、まず酔いません。

同じことが財布にも言えます。あると使ってしまうからという理由で、財布に1万円くらいしか入れていない人がいます。でも結局は少しずつ引き出すので、全体でどれくらい使ったかわからなくなり、結局無駄遣いをしてしまうのです。また、財布に無頓着な人やよく財布を落としたりする人も、あまり財布にお金を入れていないようです。

可能であれば、ある程度まとまった金額を財布に入れておきましょう。10万円、15万円などの、自分の中で結構な金額だと思えるくらいです。「落としたら大変」「盗まれたらどうする」と心配になるかもしれませんが、それは大丈夫。前述したように、常にお金の存在を意識するので、むしろ紛失したり盗まれる危険は減るはずです。

独身者の場合、自分のお金の使い方を知るためにも、一度毎月の手取りの半分をまず引き出し、財布に入れて使っていくことをおすすめします。手取り30万円なら15万円、20万円なら10万円です。

まとまったお金を持つことで緊張感が出ますし、それが何日間でなくなるかもわかります。急に気が大きくなって散財してしまうようであれば、自分には危険な浪費癖があることを認識して細心の注意を払わなければなりません。

できるだけそのお金を減らさないように頑張って生活してみる。たとえば手取りの半分で20日間生活できるなら、月に何万円かの貯蓄が可能だということです。気をつけているつもりでも10日くらいで使い切ってしまうようなら、一度自分のお金の使い方を振り返る必要があります。

私の財布とカードの使い方

よく、お金持ちになるには長財布を使うといいと言われます。私自身はポケットに携帯しやすいよう、あえてふたつ折りの財布を使っていますが、長財布ならお金をきれいに入れておけます。

部屋や机の上が雑然としている人は仕事ができない場合が多いようです。頭の中が整理されておらず、混沌としている人が多いからかもしれません。

財布も同じで、お札がクシャクシャになって入っていたり、カードがあふれるように入っていたり、領収書やメモ、キャバクラなどの名刺が一緒になっていたり……。余計なもので財布がパンパンになってはいないでしょうか?

そういう人は、どれくらいの期間にどれだけのお金を使ったか、今財布にいくら入っているかを把握していない人がほとんどです。そんなに使ったつもりはないのに、いつの間にか財布からお金がなくなっている、という人に多いパターンです。

まず財布を整理しましょう。領収書やメモ書きなどは別にして、カードも最低限の枚数だけ入れてあとは別に保管します。

とはいえ、銀行カードからクレジットカード、各種会員カードやポイントカードなど、ちょっと油断するとあっという間に20枚、30枚になってしまいます。

私も航空会社のカード、クラブの会員券、ホテルの会員券などが大量にあり、もちろん財布のカード入れには入りきりません。そこで重要性と使用頻度で保管する場所を分け、できるだけ財布をすっきりさせています。

財布のほうには使用頻度が高い銀行のカードやクレジットカードを各1枚ずつ入れ、それ以外の銀行カードやクレジットカード、頻度は低いものの重要なカード、病院の診察券、本屋のポイントカードなどは財布とは別のカードケースにまとめます。

クレジットカードを持ってはいますが、基本的には現金主義。お金を支払う光景を目で見たほうが、出費の痛みを実感できるからです。カードで購入するとあとでまとめて支払うことになるため、どうしてもそれが緩和されてしまいます。

ものを売る側は消費者にもっともっとお金を使ってほしいので、できるだけ出費の痛みを感じさせないようにします。ですから、できるだけカードを流通させて消費を促す。米国などは、まさにその最先端の社会だと言えるでしょう。日本でも、小売り、流通、通信などのサービスを利用してポイントカードをつくると、クレジット機能もつけられますよと勧誘されることがよくあります。

今やカードがないと便利な社会生活を享受できないようになっています。だからといって、その流れに何の疑問も持たず身を任せるのではなく、ときにはお金の本質やその使い方について、気をつけたり工夫することが大事です。

所持金をいつも把握しておく

私は結構マメなほうで、毎日一度は財布をチェックして領収書やメモなどを別の場所に移します。お札の向きも揃えて入れ直しながら、今財布にいくら残っているのか確認するのです。すると「思ったより減っているけど、そういえばあれに使った」とか、「昨晩はちょっと出費が多かった」などの反省ができます。つまりお金の在庫管理ができる。

在庫管理ができなければ商売にならないのと同じように、在庫管理ができなければお金を増やすことはできません。

では、どれくらいの金額の財布がいいか。よく、財布の値段は年収の200分の1が適正だなどと言われます。年収300万円の人なら1万5000円。年収500万円なら2万5000円が上限になります。せいぜい高くても年収の1%以内。年収300万円の人がブランド物の高級な財布を買ったからといって、それで年収が上がるわけではありません。何事もバランスが大切です。

よくトイレがきれいな家はお金持ちだと言われますが、これもけっして迷信ではないのです。トイレがきれいならまず部屋もきれいだし、財布もきれいに使っているはず。すべてつながっていて、トイレだけがきれいな家なんてないのです。財布がきれいな人はお金の使い方も整理されていて、無駄がないことがわかります。

結局お金が貯まる秘訣は、お金に対してどれだけ意識を向けているか、注意と関心を払っているかということに尽きます。財布にいくら残っているのかもわからないほど無頓着ではお金は貯まらないし、寄ってこない。毎日財布をチェックする人は、常にお金に注意を向けている人なのです。

100万円の使い方で人格がわかる

「もし今、自由に使えるお金が100万円あったら何に使うか」という質問にどう答えるかで、その人となりが見えてきます。

なかには堅実に貯蓄をする人もいれば、ずっと欲しかったものを買うという人もいるでしょう。「もし」で考えると、自分が何を欲しがっているのか、あの人は何に価値を置いているのかが見えてきて、とても参考になります。

私自身にはそれほど物欲がないため、お金があったらやっぱり本を買ってしまうかもしれません。あとは猫を5匹飼っているので、ペット関連のものを買うかもしれない。

ただ、100万円というまとまったお金であれば家族で旅行に行きたいですね。

海外でも国内でもいい。未知の場所に一緒に訪れたという思い出が、10年後、20年後に家族を強く結びつけます。現実には、残念ながら仕事で忙しく、まとまった時間をとることがなかなかできません。あくまで想像です。

生きたお金の使い方とは、一生思い出に残るようにすることではないでしょうか。しかも、自分一人のためではなく、家族や友人と楽しさ、思い出を共有できるように使う。旅行というのは、それを実現する一番の形です。

結局、大切なのは人とのつながりです。ギャンブルや趣味など自分の楽しみだけに費やすのではなく、いろんな人と時間と空間を共有する。そのために使ったお金は、そのときははかなく消えてしまうように感じますが、私たちの記憶にとどまり、時間がたつにつれて輝きを増してくる。
ギャンブルや投資などより、ずっと大きなリターンがあります。

物欲には〝冷却期間〟をとる

大事なのは、自分が使うお金に対して自分なりの説明ができるかどうか。これこれこういう理由で、自分はこれを買う。しっかり説明できるならいいですが、それがないまま欲望や情報に流されて何かを買うのは避けるべきです。

とはいえ、衝動的に何かが欲しくなることは避けられません。そうしたときにおすすめなのが、それが1万円以上する場合は小さなホワイトボードなどにその商品を書き出し、目につくところに置いておくこと。それでしばらく様子を見るのです。1カ月たっても欲しいというものなら購入する。面白いもので、ほとんどの場合は熱が冷めています。

購買意欲というのは、その場限りの感情の高まりにすぎないことが多いのです。冷静になって振り返るとそれほど必要なものではなかった、なんてことが結構ある。書き出して冷却期間を置くことで、無駄遣いを防ぐことができます。

目的を持ってお金を貯めることができる人は、自分を管理してコントロールできる人だとも言えます。その意味で有効だと思うのが確定申告をすること。サラリーパーソンは年末調整だけで、あとは会社任せという人がほとんどでしょう。

でも、たとえばちょっとした副業をしたとき、その際に使った交通費や雑費などを経費として計上する。収入の多くを経費で相殺すると、それにかかる税金がほとんどゼロになることもあります。税務署の担当にこんな経費がかかったとしっかり申告すれば、意外と簡単に認められます。

確定申告をすることのメリットは、自分が使ったお金の領収書を管理することになる点にもあります。ほとんどの人は自分が買ったものの領収書など、すぐに捨ててしまうか、財布の中でクシャクシャになっているのではないでしょうか。支出を意識することで無駄遣いは減るし、確定申告をすることで税金の仕組みもわかるはずです。

お金と主体的につき合う

マルクスの『資本論』や貨幣経済の限界についてよく話をするので誤解されがちですが、私自身はお金が悪いものだとか、不要なものだとは思っていません。むしろ社会や経済を円滑にするのに不可欠だし、上手につき合うことで人生を豊かにすることができます。

大事なのは、お金とどんな関係を築くかということ。その関係性によって、人は幸せにも不幸にもなる。お金はあくまで社会、経済、そして人生の道具であり、手段です。

まず、自分自身が何をしたいのか、どんな生活を送りたいのかという具体的な目標とイメージを描く。すると、そのために必要なお金がどれくらいなのかがわかるので、仕事に対する向き合い方も変わってきます。

普通に会社に勤務している限り、収入が飛躍的に上がることはまずありません。前述した通り、ビジネスの分野で大金持ちになるには、他人の労働を搾取するというたったひとつの道しかないのです。経営者になって社員を雇い、彼らの労働で得た利益を積み上げる。

自分一人の稼ぎには限界がありますが、会社という仕組みの中で大勢の労働力を集約すれば、稼ぎは指数関数的に増えていきます。

ただし、お金を稼ぐことだけを目的に他人から搾取して大金を得たところで、尊敬や称賛を得られるとは限りません。少なくとも、私自身はそうやってお金を稼ぎたいとは思わないし、きっと稼げないでしょう。

お金とどうつき合うかは、結局自分とどう向き合うかということそのものです。資本主義の原理にしたがってひたすらお金を追求するのか、自分と生活をコントロールして今あるお金を有意義に使うことに注力するのか。

前者は一見派手でやりがいのある生き方に見えるかもしれませんが、私からすれば、自分の欲望やお金の奴隷になっているにすぎません。ささやかで小市民的に見えても、自己と自分の生活を制御する生き方、無駄を省いた分相応な生き方のほうが、はるかに価値のあるものに感じます。

自分を律するという点で、誰の奴隷にもなっていない、真に主体的な自己がそこにあるからです。

「お金の作法」を考えるための本

『闇金ウシジマくん』

真鍋昌平／小学館コミック

10日で5割。トイチならぬ〝トゴ〟という超高金利の闇金業者の丑嶋と、それを利用し転落する人たちを描く。お金の恐ろしさがわかる

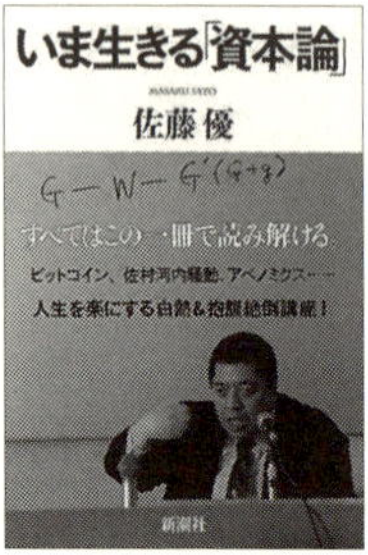

『いま生きる「資本論」』

佐藤優／新潮社

私たちの社会、お金や経済のカラクリを「資本論」の視点から読み解く一冊。さまざまな事件やニュースも、古典の知恵でその本質がわかる

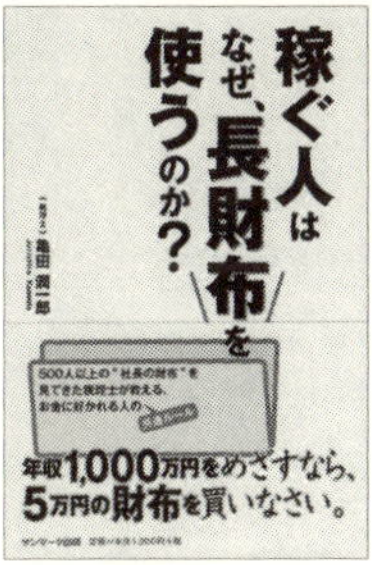

『稼ぐ人はなぜ、長財布を使うのか？』

亀田潤一郎／サンマーク出版

税理士の著者がお金持ちの財布の共通点として長財布を持っていることを指摘。お金に対する意識、使い方までお金持ちの秘密に迫る

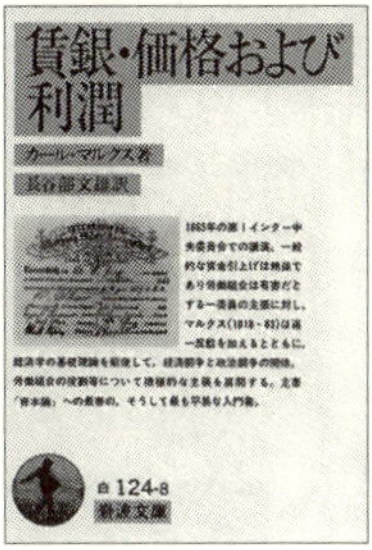

『賃銀・価格および利潤』

カール・マルクス／岩波文庫

賃金はどのようにして決まるのか？　資本と労働者の関係の本質とは？　講演を元につくられた本書は読みやすく、マルクスの入門書でもある

第5章

お金と人間の幸福な関係を考える

人間関係はお金に換算できる

ロシアの日本大使館に勤務していたころ、ロシア人100人以上に借金を頼まれ、お金を貸しました。返してくれたのは3人だけでしたが、それで人間不信に陥ったかといえばそんなことはありません。最初から返ってくることなど期待していませんでした。

ソ連崩壊前後の社会が混乱した時期で、みんな食いつなぐことに必死です。彼らの月給は日本円で1000円、2000円程度。その支払いすら滞り、月の生活費、家族を養う金がありません。そんな額なら、あげてしまったほうが気が楽なのです。ただ、そうなるとその後はお互いつき合いづらくなってしまいます。

人間関係とお金は非常に密接に結びついています。特に成人して社会に出たら、お金の絡まない関係などまずありません。「金の切れ目が縁の切れ目」という言葉がありますが、大人の関係で少しもお金が絡まないことなど、まずないと言っていいでしょう。

たとえば友人と遊ぶにしても、家族とどこかに出かけるにしても、お茶を一緒に飲むだけでもお金がかかります。まっとうな関係を築くには、どうしてもお金が必要なのです。

家族、夫婦という一番近い関係で考えてみましょう。愛情が基本だと思われるような関係でも、突き詰めて考えればお金の問題を無視することはできません。家族の関係は、お互いが食っていけるか、生活できるかという現実のうえに成り立っているのです。どんなに仲がいい夫婦でも、お金がなければぎくしゃくしてしまうでしょう。

夫が会社をクビになって収入がなくなった、体をこわして働けなくなったなどの状況だけではありません。

たとえば旅行の計画を立てる際、せっかくなら少し遠くに行きたい、いいホテルに泊まりたいとなれば、それだけお金が必要になる。そのために奥さんが夫の毎月の小遣いを減らそうとしたら、それだけでもめ事になり得ます。

会社の上司や部下も結局はお金絡み。自分の上司がどれだけ仕事ができて、会社にお金をもたらしているかという点に、部署の存在意義や存亡がかかっているわけです。上司のお金を稼ぐ力が部署や派閥の力関係になるし、部下である自分に跳ね返ってきます。

また上司である自分から部下を見たときは、どれだけ仕事をして利益を上げられる部下なのかで自分の成績が決まります。

あの上司は仕事ができるとかダメだとか、あの部下は優秀だとかそうでないとか判断するとき、意識するしないにかかわらず、お金という物差しで相手を測っているのです。

実際、仕事ができる人の中には、上司や部下、取引先などビジネスにおける人間関係をシビアにお金で換算する目がある人が多いです。経営的な視点があり、マネジメント能力の高い人に多いですが、どこかにその視点がなければ、ビジネスとしていい仕事ができないこともたしかです。

金銭感覚のズレが友情をこわす

お金で測れるような人間関係ばかりではあまりにも虚しい。だからこそ、友人関係は何物にも代えがたい大事なものだという人は多いでしょう。友だち同士というのは利害がありません。「空気と光と友人の愛。これだけ残っていれば、気を落とすことはない」とゲーテも語っている通り、友人こそは人生の宝だと言っていいものです。

私が512日間の拘置所生活を余儀なくされていたとき、最後まで支援してくれたのが大学時代からの親友たち。その心強さは今でも忘れないし、それがあったからこそ今の自分があるのです。

ただし、その友人関係でさえお金で大きく変わり得るという現実もあります。

たとえば、古くからの友だちグループの一人が事業で成功するなどして、突然大金持ちになったとします。周りの人は、これまでのようにその友人と気の置けない関係を続けられるでしょうか。

多くの場合、お金持ちになると生活が変わります。それまで居酒屋でワイワイやっていたのが、ワンランク上の店で飲むようになる。お金によって趣味や嗜好が変わってくるし、そうなればつき合う友だちも変わります。

逆もあり得ます。それまで仲のよかった仲間の一人がリストラにあい、収入がなくなってしまった。すると、それまでのように気軽に食事や遊びに誘えなくなります。無理な出費を強いてしまうのではないか、その話題に触れてはいけないのではないかと、気を遣ってしまうのです。そして、自然に連絡も滞りがちになっていく……。

どんなに絆の強い友情に見えても、大人同士のつき合いではどうしてもお金が絡んでくる。この現実をしっかり認識することが大前提です。

少額の借金ならあげるつもりで

友人関係でお金の貸し借りは基本的にタブーだといわれますが、私もそれには同感です。実際、本当に大切な友人からお金を借りようとは思わないでしょう。それでも借金を頼まれるということは、友人としてそれほど価値がないと思われているか、よほど切羽詰まった状況にあるかのどちらかです。

別の借金の返済のため、生活費そのものがない……。理由はさまざまですが、当然ながら返済のメドは立っていないはずです。

そんなとき私ならどうするか。たとえば10万円くらいの借金の申し出なら、「それは無理だけど、1万円なら返さなくていいよ」とあげてしまいます。下手に返してもらおうとすれば返済が滞って腹が立ったり、裏切られたと感じることになるでしょう。こちらの精神衛生上よくありません。

これが100万円以上の申し出だったとしたらどうするか。その場合は生活費ではありません。借金の返済か、あるいは特殊な事情でまとまったお金が必要なのでしょう。いずれにせよ、事態はかなり深刻です。

こういうときは、もし貸せるのであればビジネスライクに徹すること。まず、公証人役場や弁護士を通して、しっかり貸借証書をつくります。そして、公定歩合程度の利子をつけます。今なら0・3%くらいでしょうか。それから、返済してもらえない場合を想定して担保をとるのもいいでしょう。いざとなったら、何かを差し押さえるくらいの本気度と緊張感で臨むべきです。

どんなに親しい友人でも、逆に親しい間柄であるほど、100万円を超えるお金の貸し借りはしっかりした手続きを踏んだうえでやることをおすすめします。あとになって、言った言わないでもめることもありません。

お金で解決できない問題はあるか

職場に嫌な上司がいて行くのが辛い、胃に穴が開きそうだとします。そんなに嫌なら転職すればいいと言うかもしれませんが、今の時代、仕事がすぐに見つかる保証はどこにもありません。でも、もし今あなたにたくさんお金があって、4、5年仕事をしなくても平気だとしたらどうでしょう。思い切って辞めてしまうこともできるはずです。

また、なかなか異性のパートナーが見つからないとか、結婚できないと悩んでいる人がいるとします。もしその人に有り余るほどのお金があれば、経済力になびく相手がいるかもしれません。そのうえで自分のよさを認めさせれば、単にお金のつながりではなく、真の恋愛感情が相手に生まれてくるかもしれない。

会社に嫌な上司がいるという悩みも、なかなか結婚できないという悩みも、一見お金とは無関係に見えます。しかしお金があることで、選択肢や可能性は大きく広がる。こうやって世の中のいろいろな問題を見直してみると、実はほとんどの問題はお金がたくさんあれば解決できることに気づくはずです。

少し前ですが、「ビリギャル」という言葉が流行りました。学年でビリだったギャルが1年で偏差値を40も上げて慶應義塾大学に現役合格した話が本になり、映画にもなる大ヒットを記録しました。本をよく読むとわかるのですが、彼女の家はもともとお金持ちで、通っていたのは中高一貫の女子学校。塾の費用も年額100万円以上です。

つまり、それだけの資力があったからこそ彼女は慶應に合格できた。偏差値30の高校にいた子が努力だけで一気に偏差値を上げ、慶應に合格したという話ではないのです。

この話は、教育もお金で買える時代だということを象徴しています。どんな中学、高校、大学に進むかということは、家庭の懐具合とイコールの関係にあるのです。

こうしてみると、お金で解決できない問題のほうが少ないのかもしれません。人間関係も人生の問題もお金次第。結婚や夫婦の問題にしても、会社や仕事の問題にしても、さまざまな理屈をつけてはいても、要はお金が原因なのです。

だからといって、お金がすべてだと言いたいわけではありません。この現実を、まずしっかり認識することこそが大切です。その現実認識もなく、ただお金がすべてじゃないと思い込むだけでは、悩みや問題をいたずらに難しくしてしまう可能性があります。

そこで「お金がすべて」と結論づけるか、「お金は大切なものだが、人生はそれだけではない」と考えるか。お金に対する向き合い方、人生に対する向き合い方は、そのときに決まるのではないかと考えます。

あらゆる人生の問題に関して、お金は必ずその原因のひとつにはなっている。だからといって、お金があればすべてが解決するわけではない。これが私の中での結論です。

ある調査によれば、65歳以上の日本人の相続遺産の平均額は不動産と金融資産を合わせて約4000万円。ところが、法定相続額以上の遺産を要求するなどして兄弟や親族とケンカになり、関係が断絶するケースも多いと聞きます。「金の切れ目が縁の切れ目」ではなく、実は「金が縁の切れ目」になることもあるわけです。

聖書では、「金持ちになろうとする者は、誘惑、罠、無分別で有害なさまざまの欲望に陥る」(テモテへの手紙・第6章)と述べられており、「金銭の欲は、すべての悪の根である」(同)と言い切られてもいます。

お金とこの世の現実を認識したうえで、それだけにとらわれない、さらに上の視点を持てるかどうか。こういう世の中だからこそ、「お金で得られないもの、解決できないものは何か」という問いが、本当に豊かな人生を生きるヒントになります。

会社依存になってしまうふたつのタイプ

お金と労働、仕事の話は切っても切れない関係にあります。昔から日本人は働きすぎだとか、ワーカホリックだという声が聞かれます。でも、本当に日本人は仕事好きだと言えるのでしょうか？　ここからは、お金と仕事、働き方について考えていきます。

外務省に勤務していたころ、誰もいないはずの深夜に、隣の課から人の笑い声が聞こえてきて薄気味悪かったことがあります。幽霊でもいるんじゃないかと噂になりました。ところがある晩、総務課による抜き打ち検査がありました。抜き打ち検査というのは、部屋に重要書類や極秘文書が散らかっていないかを夜中に調べるものです。すると隣の課のテーブルの下から、ずずーっと人が起き上がってきてみんなビックリ。

役所に住んでいた職員がいたのです。その人は夕方6時くらいに一度職場を出て、居酒屋でお酒を飲んだあと、日比谷公園で時間を潰してから深夜1時すぎに役所に戻ってくる。そしてイヤホンをつけて小型テレビを見ながら、寝袋で寝ていたのです。

そして明け方5時くらいにいったん役所を出て、何事もないように朝の7時すぎに登庁する。朝食は7時半からやっている役所の食堂で食べていたようです。家族は、仕事が忙しくて毎日泊まり込みが続いていると思っているのでしょう。要は家に帰りたくないという帰宅拒否症候群なのです。

これは極端な例だとしても、家に帰りたくないから会社で時間を潰すという人も案外多いのではないでしょうか。一見仕事を頑張っているようですが、要は家に帰りたくないだけ。役所に限らず、事務系の仕事で定時に帰ることはそれほど難しくないはずです。それが出社してお茶を飲んで新聞を見て、ネットニュースで芸能ネタを仕入れたり……。そんな感じで時間を浪費している人は結構多いのかもしれません。

そうかと思うと、同じ寝袋族でもまったく逆で、ひたすら働き続けるタイプの人もいます。特にＩＴ系の会社に多いのですが、若いＳＥなど、本当に朝から深夜まで仕事に没頭。寝袋で会社に連泊して、1カ月に２００時間も３００時間も超過勤務するのです。

こういう人たちは仕事自体が好きなので、給料は安くても文句を言わず働きます。そして、9時5時で働く事務系の人を非難します。

これは会社側からするととても都合のいい存在で、同じ社内で権利の主張が強い社員に対する恰好の攻撃材料になる。「お前たちも彼らを見習え」「彼らは残業代もなしで、身を粉にして働いてるんだぞ」という風に。

したがって、普通の会社がIT系の会社と合併する際は気をつけなければなりません。ワーカホリックなIT系企業の社風、待遇に引っ張られてしまう可能性があるからです。

帰宅拒否からの会社依存にしても、ワーカホリック的な会社依存にしても、けっして正常な状態ではありません。日本人の場合は、特にバランスを崩している人が多いような気がします。

「仕事」と「労働」は何が違うか

その点で、外国人、特に欧米の人は日本人に比べてずっと時間の割り振りが上手い。仕事の時間は仕事の時間、自分の時間は自分の時間と明確に割り切っています。

ドイツの社会学者でヨゼフ・ピーパーという人が書いた『余暇と祝祭』（講談社学術文庫）で、カトリックの神父である彼は、休むということがいかに大切かを説いています。

神様は世界を6日でつくり1日を休みにした。昼と夜、天と大地、動植物と人間をつくった神は、最後の1日、これらを眺めながら休息したわけです。

安息日とは単なる休憩ではなく、自分の仕事と作品を振り返り、そこに意味や意義を見出す創造的な時間です。この休暇、余暇がないと、人間の仕事は単なる労働に堕ちてしまうとピーパーは言います。

その点から考えると、日本人の働き方は労働に近い。これは日本人が農耕民族だからということも関係があるでしょう。

農民というのは洋の東西を問わずよく働きます。基本的に朝日が昇ってから沈むまで何かしら作業があり、江戸時代の農民は16時間くらい働いていたはずです。

ちなみに中世ヨーロッパの農民は1日に3500キロカロリーも摂取していたとか。これは『中世ヨーロッパの農村世界』（山川出版社）という本に書かれています。

しかも、食べ物のほとんどが牛乳と大麦のオートミールのようなもので、量は洗面器いっぱいくらい。肉は1年間に鶏1羽分程度しか食べなかったというのですから、その粗食ぶりには驚いてしまいます。

今の日本人の働き方を見ると、あまり働き方が上手くない人が多いように感じます。まとまった休暇もとらずに長時間勤務を受け入れ、金曜の晩はいつものメンツと会社の愚痴で飲み明かす。せっかくの土曜も使いものにならず、日曜は競馬やパチンコで散財……。

これは、いわゆるプロレタリアートの生活そのものです。社会的に弱者だからそうなったのではなく、自ら進んでプロレタリアート的なお金の使い方をしているわけです。

つまり、余暇の質と仕事の質は密接にかかわり合っている。刹那的な時間の使い方をしているうちは、仕事は単なる収入のための苦役になりがちです。逆に言うなら、時間の使い方を変えれば、仕事も余暇もまったく違うものになっていきます。

私がおすすめするのは「休暇の天引き」。4日間とか1週間とか、休む予定をあらかじめ決めてしまうのです。1年の初めでもいいし、季節ごとの区切りでもいい。まず休む予定を天引きしておいて、旅行など余暇の計画を立てるのです。

国内旅行でも、格安情報を組み合わせれば案外安くなることがあります。あるいは、自分の趣味の時間にあててもいいでしょう。私も、時間ができたら第二次世界大戦当時の戦闘機や爆撃機のプラモデルをつくりたいと考えています。今は忙しすぎて、箱を見て楽しむので精一杯ですが。

旅行にしても趣味にしても、そういう時間の費やし方はプロレタリアートではなく中産階級的。中産階級の時間を増やしていくことが、人生を豊かにしていくポイントです。

会社の言いなりでは評価されない

余暇を天引きして有意義に使えるようになったら、休んだ分は効率的に仕事をこなさなければなりません。そこで工夫が必要になりますが、休暇が充実していれば、自然と仕事とのメリハリが感じられてモチベーションも高くなるはずです。

実は、時間の使い方は男性より女性のほうがずっと上手。女性はあまり出世を意識しない人が多いからかもしれません。

男性は休んだら出世競争から外れるんじゃないかとか、頑張っている部署の仲間に悪いなどと考えます。しかし女性には、「すみませんが1週間休ませていただきます」と言える人が多いように感じます。彼女たちの行動原理に学んでみると、時間の使い方が上手くなり、もっと人生を楽しめるかもしれません。

また、休むことが評価につながることもあります。「あいつはプライベートと仕事のメリハリがある」と、自己マネジメント能力を評価されるかもしれません。逆に、本人は自分を犠牲にして頑張っているつもりでも、単に処理能力のない人間、仕事の遅い人間というレッテルを貼られている可能性もあります。

流れの中で漠然と仕事をして漠然と休むのではなく、自分なりの計画と戦略を立ててみましょう。会社の中で上手くやるには、会社の言うことをすべて聞いていてはダメ。私の感覚では、8割はしたがっても残りの2割はあえて自分を主張する。普通に仕事をこなせている人物なら、むしろそれくらいのほうが一目置かれる可能性が高いです。

流されるままに仕事や生活をしていると、私たちはまるでその世界から逃れられない囚われ人のように感じてしまいます。でも少し視点を変えて、その要素のひとつを工夫してみると、意外にも連鎖的にいろんなものに変化が表れ、新しい世界が見えてきたりすることもあります。仕事時間の使い方、余暇の取り方や内容を変えるだけで、人生が劇的に変わる可能性があるのです。

「信用」がお金の価値の源泉

私には結構〝買いだめ癖〟があります。気に入ったボールペンがあると1グロス（12×12）くらい買ってしまい、ノートも同じものを2ダース（24冊）以上持っておかないと落ち着きません。というのも、ソビエト連邦の日本大使館に勤務していたころ、社会の混乱による極端な物不足を経験したからです。ノートが欲しいのに2カ月たっても手に入らない。ちょうど日本はバブルの真っただ中でしたが、当時の私は正反対の世界にいました。

こういう体験は、今の若手世代には実感がないでしょう。コンビニもスーパーも棚は商品でいっぱい。それが当たり前だという認識です。

でも、街からものがなくなるときは本当にあっという間。嘘のようにお店から商品が消えてしまいます。戦争を経験した世代はそれが身に染みているから、やたらものを貯め込む人が多いのかもしれません。よく、亡くなった一人暮らしの老人の部屋に大量のトイレットペーパーが保管されていたりしますが、きっとそういうことなのでしょう。

これもソ連時代の出来事ですが、忘れもしない1991年1月22日の午後9時すぎ、突然ニュースで「50ルーブル紙幣と100ルーブル紙幣は明日から無効になる」と放送されました。日本でいうなら、一万円札と五千円札が突然使えなくなるのと同じことです。その後、国民はソ連政府を信用しなくなりました。

通貨の信用がなくなると、人はとにかく手元のお金を別なものに変えようとします。そしてその流れの中で、自然に通貨に代わるものが出てきます。当時はドルの使用が禁止されていたので、タバコのマールボロが通貨の代わりでした。

タクシーに乗るときもマールボロを掲げると停まってくれる。モスクワの端から端までなら1個、レストランで食事をするときは2カートンなど、相場が自然に決まってきます。そのため、常にマールボロを袋に入れて持ち歩いていました。

でも、こうした状況はけっして対岸の火事というわけではありません。日本の財政赤字は1000兆円を超えました。私たちの使っている円もけっして安泰ではないのです。円はソ連のルーブルのような不換紙幣ではないので、いきなり紙切れになる心配はありませんが、ハイパーインフレなど予期しない事態が起こるかもしれません。

多くの人はお金が紙切れになることなど想像できないでしょう。しかし、だからこそお金が価値を失ったら社会はどうなるか？　お金のない世の中はどんな世界か？　シミュレーションすることに意味があります。

お金は「つながり」で代替できる

成熟した消費社会でお金のない生活を実践した人もいます。アイルランド出身でイギリス在住のマーク・ボイル氏は、お金をまったく使わない生活を一年間続け、『ぼくはお金を使わずに生きることにした』（紀伊國屋書店）という本にその様子を記しました。自給自足の生活をしながら、すべて人からのもらいもの、捨ててあるもので生活するのです。

歯磨き粉や石けんはイカの甲《こう》を干して乾燥させたものを使い、廃車のトレーラーに住んで電気はソーラーパネルで自家発電する。食料は近くのスペースに野菜を植えたり、地域の人たちから分けてもらったりして調達するのです。

ゴミ捨て場に行けば、まだまだ使えるものがたくさん捨ててあります。それらを拾ってきたり、パソコンもフリーソフトなどを駆使すればそれほど困りません。残念ながら恋人にはフラれたようですが、本人はもう昔の生活に戻りたくないと言っています。

というのも、お金のない生活をして彼が最も大切だとわかったのが、人のつながりやネットワーク。いざというときに力を貸してくれたり、食料やものをくれたり、話を聞いてくれたりする人のつながりがあるからこそ、お金がなくても何とか生き延びることができたというのです。

そうして人とのつながりの中で生きるほうが、生の喜び、生きる実感が強くなる。また自給自足の中で自然と向き合って生きることも、大きな喜びと安らぎを感じることにつながります。身の回りに便利なものがなければ、自分でいろいろ工夫して克服すればいい。その充実感も大きいはずです。

いざ、お金や消費社会をなくしてみたら、そこに生きる喜びや実感が浮かび上がってきたというわけです。お金と便利な生活の中で、私たちは本当の生きる実感や喜びから疎外されているのかもしれません。

私たちがいきなりお金をまったく使わない生活をしようとすれば、大変な苦労を伴います。ただし、一週間などと期間を決めて極力お金を使わない生活を実践してみると、いろいろなことに気がつくかもしれません。

昼食は弁当をつくって持っていき、お金を使わない。ただし、節約して我慢するのではなく、できるだけ人から援助してもらったり、おごってもらったりして生活を充実させるのです。

それを通して自分のネットワークがどれだけ強いか、あるいは弱いかがわかるでしょうし、どれだけ無駄なことにお金をかけていたかもはっきりします。自己管理という点でも、これまでわからなかったことがわかるようになるかもしれません。

また、交換手段としてお金を使わないことになれば、自分の持っているお金以外の価値が見つかるかもしれません。ソビエト崩壊のときマールボロが通貨の代わりになったように、自分の持っているものと欲しいものが交換できるか試してみると面白いでしょう。

すると、いかに交換が難しいか、お金の価値やありがたさがそこでわかります。お金の役割、お金のありがたさ、お金の限界を知るという意味でも、何日かの「お金を使わない生活」には意義があります。

お金が持っている3つの機能

お金の役割は大きく、「交換手段」「価値尺度」「貯蔵」（退蔵）の3つです。

まず交換手段ですが、お金はいつでも何かに交換できます。もしお金がこの世界から消えて物々交換でしか経済活動ができなくなったら、それはとても面倒なことになります。

物々交換の世界を考えてみましょう。シャツがどうしても必要になったので、自分のところで収穫した野菜と交換してほしい。でも、相手が自分の持っているものを欲していなければ交換が成り立ちません。自分がどんなにたくさん野菜を持っていても、そこで話はおしまいなのです。

その点、お金はいつでも何かに交換でき、持ち運びにも便利です。つまり、交換手段という役割がお金の大きな価値のひとつだとわかるでしょう。

物々交換では価値尺度があいまいです。たとえば、キャベツ一玉をある人に対してはボールペン一本と交換し、ある人とはノート一冊と交換した。それぞれの交換は成り立っていても、はたしてキャベツの価値がどれくらいなのか、ボールペンやノートの価値がどれくらいなのか、基準はあいまいです。

それがキャベツ一玉が100円、ボールペンが90円というように明確であれば、それぞれの価値が比較できる。つまりお金というのは価値の尺度という役割も持っています。

お金の役割のもうひとつが貯蔵。たとえば、肉や魚、野菜をそのままにしておいたら腐ってしまい、貯蔵には適しません。およそ自然界のあらゆる物質は時間とともに腐ったり劣化しますが、お金は腐ることも劣化することもないので、いつまでも貯蔵することができる。つまり価値を貯蔵する役割があるわけです。

この3つの特徴から、お金というのは非常に便利なものであることがわかります。

お金の発明が人間を欲深くした

お金が存在しない時代、自分の家族だけではとうてい食べきれない野菜がとれたら、腐らせるよりはましだと周囲の家に配るでしょう。周りも同じようにお返ししたり、配ったりして、そこで自然と相互扶助の社会ができるわけです。

しかしお金が流通するようになると、とれた野菜をすべてお金に換えれば、いつでも別のものに換えられるし、いつまでも蓄えておくことができる。余ったからといって、人にタダで配るなんてもってのほか、ということになります。

何にでも換えられて、価値がほぼ減退しない。自然界にそんなものは存在しません。人間は、お金というある種の魔法の道具をつくり出したわけです。こうなると相互扶助で成り立っていた社会は一気に変化し、みんな必死でお金を蓄えようとする。そして、お金に投影された人の欲望は際限なく膨らんでいきます。

お金には「限界効用の逓減」が当てはまりません。どういうことかというと、たとえばどんなにお酒が好きな人でも一升瓶を空けたらもう飲めなくなる。ケーキが好きな人も、ホールをまるごと食べたら飽きあきする。

ところが、お金だけは1000万円あったら1億円欲しくなるし、1億円あったら10億円欲しいと思う。際限のない欲望に憑かれてしまうのです。

現代社会ではお金を銀行に預ければ利子で増えるし、株などの金融商品で上手く運用すればさらに増える仕組みがある。腐ったり劣化するどころか、増殖していくのです。

そうなると、お金に対する欲望はさらに膨らんでいき、お金さえあれば幸せになれると考えてしまう。生活の手段としてのお金が、目的にすり替わってしまうわけです。

守銭奴というのはまさにお金に憑かれた人物のことで、何かをするためにお金を必要とするのではなく、お金を集めることそのものが目的になっている。

ですから、日ごろから倹約してしっかりお金を貯めている堅実そうな人でも、実際はむしろお金に投影する幻想が膨らんでいて、欲望が際限なく大きくなっている可能性があります。

支払ったお金には対価を求める

現代において、お金はすでに神に近い存在になっています。マルクスは早くからお金には物神性（フェティシズム）がつきまとうと言っていますが、まさに資本主義社会はお金を神とあがめるフェティシズムから成り立っているということもできます。

デフレ脱却のためと日銀が国債を買い上げ、市中に大量のお金を投入しましたが、結局思ったような効果は出ていません。それも当たり前で、お金には貯蔵の役割があり、物神性があるので、どこかで誰かがお金を貯め込んでしまうのです。お金の流れがせき止められてしまう、マルクスの言う「貨幣退蔵」現象が起きているのです。

かつて、そのことを早くから見極めて、デフレ脱却の思い切った政策をとった地域がありました。大恐慌と第一次世界大戦の影響からデフレ不況に喘いでいたオーストリアのヴェルグルという町で、地域通貨がつくられたのです。

この通貨の特徴は、なんと1カ月ごとに価値が100分の1ずつ減っていくということ。

使わずに貯めておくと価値がどんどん減ってしまうわけですから、お金を手にしたら使ってしまうようになります。その結果、お金の流通が盛んになり、デフレ脱却、失業者の劇的な減少を達成したのです。

私はいくつかセミナーをやっていますが、最近これに似た面白い現象に気がつきました。1回3000円のセミナーだと70人のうち半分がレポートを出します。ところが1回1000円のセミナーだとレポートを出すのはわずか10人。話している内容も、聞いている層もほぼ一緒であるのにです。

何が違うかといえば、料金が高いほうの参加者は元をとろうと必死になる。人間心理として、お金を支払ったらそれに応じた成果が欲しいわけです。ここから、安上がりだからと独学で学ぶより、ある程度のお金を払ってでも学校に通ったほうが、いい結果が得られるということになります。

これは、よく考えると価値が転倒しています。本来は支払ったお金の額にかかわらず、自分が有意義だ、価値があると認めたものを真剣に学べばいいはず。そうならないのは、価値をお金の量で測ってしまっているからです。今の消費社会に生きる私たちには、そうした思考が染みついているのでしょう。

お金に依存しないためには

お金に際限のない欲望を投影すると、裏を返せばもっと欲しいという不足感、失ったらすべてが無に帰すのではないかという不安感が生じます。

お金が価値を持つ今の世の中では、人間は常に不足感と不安感に苛まれる運命にあります。ブッダはこのことを2500年も前に喝破しており、煩悩すなわち欲が不安や不足という「無明《むみょう》」を生み出し、闘争や収奪、殺戮という悲劇や苦しみが起きるのだと説いています。

この不足感や不安感から逃れるために、人は何かに依存し、何かに熱中しなければ生きていけなくなります。精神科医の岡田尊司氏によると、不安が少なく依存症にならない人には勤勉さがあるそうです。依存症になる人は刺激を求めます。

たとえばギャンブルで当たりが出ると脳内にドーパミンが放出され、それが快感になり満足するわけです。ところが依存症になりにくい人は、ドーパミンが少なくても脳が満足するシステムができているようです。岡田氏は、勤勉な人はそのような脳を持っていることが多いと言います。

毎日同じような仕事でもコツコツと勤勉にこなしていける人は、日常の小さな喜びで十分に満足感と幸福感を得ることができる脳のつくりになっているわけです。言ってみれば、少ない刺激で満足できる、燃費のいい脳ということになります。

大量消費社会において、私たちは常に刺激にさらされ、欲望型、不安型の脳になっている可能性があります。意識してそれを戻すことが必要なのかもしれません。

評論家の岡田斗司夫さんは、評価経済という新しい経済の概念を提唱しています。評価経済とは、お金で価値基準を測るのではなく、評価に最も価値を置く経済のこと。貨幣経済に対するアンチテーゼです。

ネットやSNSなどでつながりながら、この人は面白いとか、この考えはすごいという人に人や情報が集まり、ネットワークが発生して協力し合う関係ができる。さらに情報とお金が集まり、新しい価値が生まれていく。

他者の評価を集めることができるかどうかがその人の能力であり、パフォーマンスを決定します。家にいながらにして全世界の人とつながることができるSNSの発達が、評価経済を生み出す原動力になっているのです。

ネット社会であろうとなかろうと、世の中にお金という存在がなくなったら、最後に勝つのはコミュニケーション能力の高い人であり、多くの人に好かれ支持され、助けてもらえる人であることは間違いありません。

お金が登場したことで、私たちの欲望は果てしなく広がるように翼を与えられました。でもそれは、結局は幻想にすぎません。不安や不足、競争と戦いから外れたとき、意外な喜びや満足が得られるようになります。

自給自足の金なし生活をしたマーク・ボイル氏が恋人にフラれても戻りたくないというほど、その生活は魅力的なのかもしれません。お金の魔力がなくても、小さな満足、リアルな生活の実感、生きる喜びがあるのです。

現代社会に生きる私たちは、いきなり自給自足生活にも評価経済にも移行できません。私もやはり便利なオンデマンドでVシネが見たいし、アマゾンで本も購入したい。高度消費社会の恩恵をありがたく利用しているわけです。

大切なのは、だからこそ「お金のない生活、社会はどうなるのか」と、あり得ない状況を想像してみることです。日ごろ当たり前だと思っていることや、当然だと考えている前提を疑ってみる。

同じように、この世に「国家がなくなったら」「会社というものがなくなったら」「家族という単位がなくなったら」という問いを発してみると、これまでにない新しい考え方や視座を発見する糸口になるはずです。

「お金と人間」を考えるための本

『東京奇譚集』

村上春樹／新潮文庫

金銭的に何不自由なく育った主人公。しかし嫉妬を感じない特異な精神の背景には両親の愛情の欠如があった。現代の都会を描いた奇譚集

『ゼロ―なにもない自分に小さなイチを足していく』

堀江貴文／ダイヤモンド社

一時は時代の寵児となった著者が、すべてを失ってゼロから始める。働くことの意味と希望を、ありのままの心と言葉で語る

『ぼくはお金を使わずに生きることにした』

マーク・ボイル／紀伊國屋書店

経済学を学んだ著者がビジネスマンを経たのち、お金を一切使わない生活を1年間続ける。そこで得た体験を記した一冊

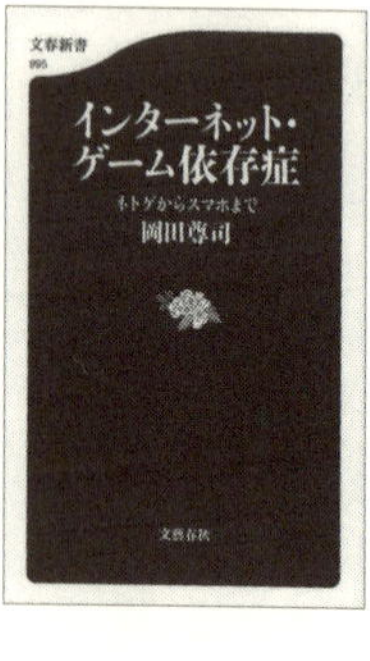

『インターネット・ゲーム依存症——ネトゲからスマホまで』

岡田尊司／文春新書

ゲーム依存症の人の脳内には、覚せい剤依存症の人と同じ乱れがあることを指摘。「現代のアヘン」の恐ろしさ、逃れる術を説く

『出社拒否―迷う30歳、悩む40歳』

石郷岡泰／講談社ブルーバックス

朝になると体が動かない――。増えている出社拒否症の実例を中心に、現代社会と組織のメカニズムと問題点、対応策を考える

『余暇と祝祭』

ヨゼフ・ピーパー／講談社学術文庫

余暇とは安息日であり、神への祈りの日であるとする。そこで日常の労働の疲れをいやし、仕事の意義や意味を再認する創造的な時間だと説く

青春新書
INTELLIGENCE

こころ涌き立つ「知」の冒険

いまを生きる

"青春新書"は昭和三一年に——若い日に常にあなたの心の友として、その糧となり実になる多様な知恵が、生きる指標として勇気と力になり、すぐに役立つ——をモットーに創刊された。

そして昭和三八年、新しい時代の気運の中で、新書"プレイブックス"にその役目のバトンを渡した。「人生を自由自在に活動《プレイ》する」のキャッチコピーのもと——すべてのうっ積を吹きとばし、自由闊達な活動力を培養し、勇気と自信を生み出す最も楽しいシリーズ——となった。

いまや、私たちはバブル経済崩壊後の混沌とした価値観のただ中にいる。その価値観は常に未曾有の変貌を見せ、社会は少子高齢化し、地球規模の環境問題等は解決の兆しを見せない。私たちはあらゆる不安と懐疑に対峙している。

本シリーズ"青春新書インテリジェンス"はまさに、この時代の欲求によってプレイブックスから分化・刊行された。それは即ち、「心の中に自らの青春の輝きを失わない旺盛な知力、活力への欲求」に他ならない。応えるべきキャッチコピーは「こころ涌き立つ"知"の冒険」である。

予測のつかない時代にあって、一人ひとりの足元を照らし出すシリーズでありたいと願う。青春出版社は本年創業五〇周年を迎えた。これはひとえに長年に亘る多くの読者の熱いご支持の賜物である。社員一同深く感謝し、より一層世の中に希望と勇気の明るい光を放つ書籍を出版すべく、鋭意志すものである。

平成一七年　　　刊行者　小澤源太郎

著者紹介

佐藤 優〈さとう まさる〉

1960年東京都生まれ。作家、元外務省主任分析官。85年、同志社大学大学院神学研究科修了。外務省に入省し、在ロシア連邦日本国大使館に勤務。その後、本省国際情報局分析第一課で、主任分析官として対ロシア外交の最前線で活躍。2002年、背任と偽計業務妨害容疑で逮捕、起訴され、09年6月有罪確定。『国家の罠』（新潮社）で第59回毎日出版文化賞特別賞受賞。『自壊する帝国』（新潮社）で新潮ドキュメント賞、大宅壮一ノンフィクション賞受賞。『人に強くなる極意』『「ズルさ」のすすめ』（共に青春出版社）、『知の教室』（文藝春秋）など著書多数。

お金《かね》に強《つよ》くなる生《い》き方《かた》　青春新書 INTELLIGENCE

2015年10月15日　第1刷

著者　佐《さ》藤《とう》　優《まさる》

発行者　小澤源太郎

責任編集　株式会社プライム涌光

電話　編集部　03(3203)2850

発行所　東京都新宿区若松町12番1号 〒162-0056　株式会社青春出版社

電話　営業部　03(3207)1916　振替番号　00190-7-98602

印刷・中央精版印刷　製本・ナショナル製本

ISBN978-4-413-04467-7

こころ涌き立つ「知」の冒険!

青春新書 INTELLIGENCE